Heinrich Oppermann, Pulsschläge im Mai 2018

Heinrich Oppermann

Pulsschläge im Mai
2018

Ehrenbürger
70 Jahre nach der Vertreibung aus Ungarn

Titelbild: Der Autor

Meiner Tochter Heike Oettel und meinem Enkel Hagen Oettel
danke ich für ihre liebevolle Mitgestaltung dieses Buches

Impressum

Pulsschläge im Mai
© 2019 Heinrich Oppermann
Herstellung und Verlag:
BoD - Books on Demand, Norderstedt
ISBN 978-3-7494-1520-5

MIX
Papier aus verantwortungsvollen Quellen
Paper from responsible sources
FSC® C105338
FSC
www.fsc.org

Meinen Kindern, Kindeskindern
und Freunden

Vorwort

Die Jahre nach 2011 konnte ich mein Geburtsheimatdorf Kaposszekcsö, nicht besuchen, obwohl mehrere Anlässe zu seinem Besuch bestanden. Durch die jahrelange schwere Krankheit meiner Frau, Feodora, war das nicht möglich. Dieses Jahr, ein Jahr nach ihrem Tod, kamen meine Freunde von mehreren Seiten und meinten, zu Pfingsten sei doch eine gute Gelegenheit, ich solle es doch ermöglichen. Und so beschlossen wir mit Bärbel, uns in Gunaras / Dombóvár im Hotel Europa, einzuquartieren und Pfingsten in Kaposszekcsö / Sektschi und Umgebung zu verbringen. Dazu sagte ich eine Lesung aus meinem Buch: „Jergescher Geschichten, die Vertreibung aus dem Paradies" zu. Auch von Robert Glaub wurde im Deutschklub in Dombóvár und schließlich von Johann Schuth eine Lesung im Deutschklub in Pécs und ein Besuch in Villány vereinbart. Und wir fuhren am 17.5. nach Gunaras.

Meine damalige allgemeine Verfassung und Stimmung und meine Wiederfindung habe ich gereimt gefasst:

Herbstwolken

Gehirn durchwabernd fliehende Wolken
von grauer Winterseinsamkeit,
über düstere Wälder heraufgezogen,
Katen verdunkelnd horizontenweit.
Ängstliche Herzensschläge in der Brust,
fragend, war das nun nach dem Verlust
ein deutendes Signal zum Fadensende?
Bleibt keine Hoffnung auf eine Zukunftswende?
So trafen zweier Augen Blicke mich.
Zwei Hände berührten sich,
und zogen sich aus dem fröstelnden Dust
hinaus in des Maiens Frühlingslust!
Maien Glocken frohlockten

im Herbst 2018   *Heinrich Oppermann*

Die Einladung

Die Einladung zum Jahrestag der Vertreibung der Deutschen aus Kaposszekcsö in Ungarn kam am 13.2.2018 per E-Mail, mit der Ansicht des Pfarrhauses im Vordergrund und der deutschen, der evangelischen Kirche, in der Mitte und der ungarischen, der katholischen Kirche, dahinter. In der Baumgruppe dahinter tritt die „Oppermann-Buche", die meine Studienkollegen 1995 mir zu Ehren setzten, deutlich hervor und sind die Wohnhäuser rechts und links der Strasse zu erkennen.

„Ferne hör´ ich
Heimatglocken läuten"

EINLADUNG

**zum 70. Jahrestag
der Vertreibung**

der Deutschen 1948
Pfingsten, vom 19.05. - 21.05. 2018
          in Kaposszekcsö

Das Erinnerungsblatt mit Dorfansicht war deutsch und ungarisch:

In der Wiege geschaukelt, mit einem Bündel herausgeworfen.
Im Gedenken an die enteigneten, ausgebürgerten und vertriebenen Volksdeutschen aus Kaposszekcsö.

Kaposszekcsö, den 19.5.2018

Die Fahrt

Mein Freund seit der Schulzeit, Konrad Lötz, und die Vorsitzende des Deutschklubs, Katharina Pfeiffer, geb. Herzog, und die Vorsitzende des Kirchenvorstandes, Márta Dudas, geb. Goldmann, und die Bürgermeisterin, Ibolya Csapó, geb. Remler, luden mich ein. Und diese massive Einladung konnte ich nicht ablehnen, da ich ohnehin schon vorhatte, im Sommer zusammen mit Bärbel nach Ungarn zu reisen, im Hotel Europa, bei Peter Tigelmann zu logieren und von dort bei Freunden in Sektschi und der Umgebung reinzuschauen.

Doch mit Bärbel wollten wir erst im Mai drei Wochen nach Bad Griesbach zur Warmwasserkur, die wir nun etwas vorziehen und unsere Zimmer auf die Zeit vom 15.4. bis 6.5. umbestellen mussten. Der Abstand zwischen den zwei Aufenthalten war kurz, aber für den Aufenthalt in Griesbach sollte es schon Frühlingswetter sein. Und am 16. Mai hatte Töchterchen Petra ihren 60. Geburtstag, da musste ich da sein. Und so wurde der Abreisetag nach Ungarn für unmittelbar danach geplant.

Wir starteten am Tag nach Petras Geburtstag, am 17.5. nach 9 Uhr auf der Rockauer Strasse vor Bärbels Haus und fuhren schon um10 Uhr beschwingt auf der A17 über die Grenze und durch den Tunnel vor Usti (Aussig) in Richtung Prag. Kurz vor Prag erwischten wir die südliche Umfahrt und erreichten schon gegen zwölf Uhr hinter Jesenice die Autobahn Prag - Brno und glaubten, bereits zur Kaffeezeit zu unserem Zwischenaufenthalt in Rust, im Wein- und Logierhaus Haberhauer, zu sein.

Aber gleich kam der erste Stau vor der Autobahnbaustelle. Die Weiterfahrt zuckelte der 15 km langen Baustelle zu und ruckelte mit Zwischenstopps mit Halt und Fahrt so dahin. Die Autobahn wurde auf beiden Seiten erneuert, der Gegenverkehr aber fuhr schon zügig.

Die einspurige Baustelle fuhren wir so mit 60 dahin und freuten uns auf eine flotte Weiterfahrt. Doch es kam anders. Baustelle folgte auf Baustelle im Abstand von 15-20 Kilometer, die Baustellen selbst waren 10 bis 15 Kilometer lang und hinter Prag war unser erstes Ziel, Brno (Brünn) mit über 200 Kilometer ausgewiesen. Wir ahnten nichts Gutes. Doch, dass wir erst gegen 21 Uhr an unserem Tagesziel in Rust am Neusiedler See eintreffen würden, ahnten wir da noch nicht.

Haberhauer Junior, Norbert, in Rust, hatte noch seinen Schankraum offen und offerierte uns auch einen Schoppen und ein Brot. Wir trabten danach auch gleich durch das Stadtinnere und grüßten schnell alle Störche auf den Dächern, die freundlich herunterklapperten, und schon in der Dämmerung, es war bis kurz vor 22 Uhr noch hell, wies uns Senior Dieter Haberhauer unsere Zimmer im Obergeschoß des Gästehauses zu.

Die Fahrt von Rust über Sopron/Ödenburg, Sárvár/Rotenthurn, Sümeg/Schimeg, Tapolca/Tapolz und Keszthely, am Balaton und weiter über Marcali und Kaposvár nach Dombóvár, verlief zügig und ohne Komplikationen. Am Tages- und unserem Endziel, im Europahotel in Gunaras, erwartete uns gegen 16 Uhr schon Peter Tigelmann und hatte zwei schöne Zimmer nebeneinander für uns auf der Parkseite, mit Blick durch den hohen Baumbestand auf das Bad, mit schattig, luftigen Balkons, reserviert.

Wir konnten so unsere Termine und Starts zum Essengehen über die Balkonbrüstung absprechen und früh und abends das Vogelgezwitscher auf den hohen Laubbäumen, unter denen die Ahorn- und Akazienbäume dominierten, hören. Der raspelnd scharrende Gesang der Nachtigall aus dem vielstimmigen Chor der Meisen, Spatzen, Tauben, Drosseln und Amseln an den lauschig späten Abendstunden, blieb uns besonders im Ohr und klingt mir selbst jetzt beim Schreiben nach.

Doch am ersten Abend hatten wir weder für die Bäume einen Blick, noch für die Vögel ein Ohr, das Pfingstprogramm erwartete uns in Sektschi. Und die Tage waren straff gefüllt. Die drei Gastgeber-Damen hatten ein breites Programm für die Pfingsttage aufgestellt.

Pfingsten

Pfingstsamstag

Für Samstag, den 19.5. um 15 Uhr, war ein Gedenkgottesdienst angesetzt. Wir fuhren so gegen 14 Uhr nach Sektschi und parkten auf dem Platz vor dem Gemeindeklubhaus, unmittelbar an Gesellmann Imres ehemaligem Haus. Mit uns kamen dort meine ehemalige Nachbarin, Liesel Just, verh. Jutte und die vier Jahre jüngere Liesel Moser, verh. Müller, an, beide aus Bautzen, als wären wir verabredet. Sie waren mit einem Bus bis Balatonboglár gekommen und ließen sich von dort mit einer Taxe nach Sektschi schoffieren.

Wir schlenderten gemeinsam gemächlich zur Kirche und waren erstaunt, wie viel feierlich gekleidete Gäste schon da waren. Frauen in bunten Kleidern, Männer mit weißem Hemd und dunkler Hose, die Jacke überm Arm, plauderten, riefen und sprangen umeinander. Es war sommerlich warm und man stand im Schatten der hochgewachsenen Lindenbäume des vertrauten Kirchgartens. Die Hinzukommenden wurden fröhlich begrüßt, herzlich umarmt und in die Arme geschlossen. Doch Mmancher und Manche stutzte:

„Was, du bist der Heinrich?... das ist deine Frau?"
„Ja, das ist Bärbel. Und wer bist du?"
Und wieder erneute Umarmung und:
„Wer bist du?"
„Ich sain die Remler Kathel, die Frau vom Heinrich Remler, Ibolyas Mutter, mer kenne uns noch net, ich stamm aus Pécs, bin a geborne Pfeifer."

Und so ging der muntere Reigen vor der Kirche, laut untermalt von der Dorfblasmusikkapelle, unter Milan Köhler, weiter, bis der Pfarrer seine Gemeinde zum Kirchgang einlud und die Gästeschar im verhaltenen Geplauder, teils andächtig und in Wehmut, in das Gotteshaus einrückte.

Pfarrer Szilárd Szabo hat seine Predigt auf die gleichen Bibelverse, wie Dezsö Havasi seine auf dem Abschiedsgottesdienst am

Samstagabend, des 9. Mai 1948 in der evangelischen Kirche hielt, aufgebaut. Für die Predigt Szabos war irrtümlich die Abschiedsrede dem langjährigen Pfarrer Wilhelm Straner zugeschrieben worden. Doch Pfarrer Wilhelm Straner war schon im Oktober 1947 in den Ruhestand getreten und nach Sopron, seinen Geburtsort, zurückgegangen. Die Abschiedspredigt im Mai 1948 hielt der Nachfolger von Straner, Dezsö Havasi. (s. Kaposszekcsö / Sektschi, eine deutsche evangelische Gemeinde in Südtransdanubien - Komitat Tolna, 1775-1948, wo der Abschiedsbrief des langjährigen Pfarrers Straner von seiner Gemeinde unter Anhänge, S. 223-228, eingefügt ist. Siehe auch H. O. „Jergescher Geschichten", im August von Goetheverlag, S. 53-59.)"

Die Abschiedspredigt des langjährigen Pfarrers Straner war in der Tat auf die Bibelverse Johannes 14:1-2 aufgebaut:

"Und Jesus sprach zu seinen Jüngern: Euer Herz erschrecke nicht! Glaubt an Gott und glaubt an mich! In meines Vaters Hause sind viele Wohnungen..."   und Hebr. 13:14:

„...denn wir haben hier keine bleibende Stadt, sondern die zukünftige suchen wir...",

Die Abschiedspredigt des Pfarrers Dezsö Havasi, am Abend des 9. Mai 1948, ist nicht verbürgt.

Pfarrer Szabo hielt seine Predigt in ungarischer Sprache, Katharina Pfeiffer trug sie in deutscher Sprache vor. Nach dem Pfarrer hat Otto Heinek[1], dessen Mutter aus Kaposszekcsö stammt und der der Vorsitzende der deutschen Selbstverwaltungen in Ungarn ist, zum Erinnern aufgerufen, die er auch als Mahnung an die nachfolgenden Generationen aussprach. Meine Erinnerungs- und Grußworte, nach Heinek, holten die Kindheitszeiten, die mit dieser Kirche verbunden waren und die Enteignungs- und Vertreibungsjahre 1947-1948 wieder herauf:

Hier wurde ich 1934 getauft, hier sagte ich Heiligabend 1941 mein erstes Gedicht auf, und hier wurde ich 1947 von Pfarrer Straner konfirmiert, es war seine letzte Konfirmation. Wilhelm Straner, langjähriger Seelsorger der Gemeinde, ging nach 31

Dienstjahren (1916-1947) nach Sopron , seinen Geburtsort zurück. Havasi Dezsö, der aus der Gefangenschaft heimgekehrte Lagerpfarrer, übernahm die Pfarrei und er verkündete - noch in seinem ersten Dienstjahr - die Aussiedlung von 75 Familien Deutschen und hielt den Abschiedsgottesdienst, Sonnabend den 9.Mai 1948.

Nicht vorgetragene Ergänzung bei der Niederschrift:

- Durch Flucht vor der heranrückenden Front Ende November 1944 flohen 144 Menschen aus Sektschi, - In den letzten Dezembertagen 1945 wurden 18 Frauen und Männer in die Sowjetunionen verschleppt.

- In der ersten Enteignungswelle, Frühjahr 1946, mussten 20 Familien Haus und Hof verlassen. In der zweiten Enteignungswelle im Frühjahr 1947 betraf es 74 Familien mit etwa 370 Menschen.

- Die dritte Enteignungswelle, zeitgleich mit der Einwaggonierung und Auslieferung der Deutschen, erreichte weitere 15 Familien, die noch in ihren Häusern waren. Und am gleichen Tag,

- Am 11.5. 1948, wurden 75 Familien und am 19.5. 6 Familien einwaggoniert und in die Kasernen in Pirna bei Dresden gebracht.

- Die Gesamtzahl der Vertriebenen aus Kaposszekcsö betrug insgesamt 340 Personen. Im Dorf verblieben 155 Deutsche. (Die Diskrepanz zwischen Enteigneten und Einwaggonierten erklärt sich damit, dass die aus Haus und Hof vertriebenen deutschen Handwerker, Eisenbahner und Handwerker, sowie bei der Bahn und in Kohlengruben Schaffende u. a., im Lande verbleiben konnten.)

- Der erste Transport kam am 16.5.1948 in Pirna an. Nach der Entlausung und den hygienischen Überprüfungen wurden die Familien nach wenigen Tagen auf Städte und Gemeinden Sachsens verteilt. Ein Großteil kam nach Bautzen (140) und die Familien mit grubentauglichen jungen Männern wurden nach Zwickau gebracht. Etliche Familien wurden auf die Städte Leipzig, Pirna, Löbau, Görlitz, Bischofswerda, Falkenstein, Großröhrsdorf u.a. verteilt. Von diesen Familien sind einige in den Jahren

danach aus der Ostzone, bzw. der späteren DDR, nach den Westzonen, bzw. der späteren Bundesrepublik gegangen.

- Von den 140 nach Bautzen gebrachten und in Kaposszekcsö
geborenen Personen leben heute (Niederschrift am 31.7.2018)
noch 17, die meisten davon waren zur Erinnerungsfeier an den
Pfingsttagen in Kaposszekcsö nicht mehr reisefähig.

Das folgende Gedicht trug ich in meiner Ansprache am Sonnabend in der evangelischen Kirche von Kaposszekcsö vor:

Die Orgel spielt zur Abendstund

Wie viel Welten durch die Zeiten
zogen an dem Dom vorbei?
Augen fliegen durch die Weiten,
Vogelschwingen ahnend, frei.
Festgebannt vom Fürstenzug,
beruhigt der Gedanken Flug,
gefangen im ovalen Rund.
Die Orgel spielt zur Abendstund.

Wie viel Tränen und Wehklagen,
Lieb, Hass, Neid, Intrigen, Hohn,
Kriegsnotleiden und Verzagen,
schaute wohl der graue Dom?
Festgesaugt im Werk der Mauer
ist der Menschen Elendsschauer
und gibt dies keinem Menschen kund.
Die Orgel spielt zur Abendstund.

Wie viel Freude unsren Tagen
spendet doch der alte Dom.
Kündet uns, was in den Jahren
Wert in Form, Schrift, Bild und Ton.
Festgefügtes Werk von Menschen,
nur dem edlen, für den Menschen,

im Festgewande, schwarz und bunt.
Die Orgel spielt zur Abendstund.

Das vorgesehene Gedicht über unsere Vertreibung, von Stefan Hansel[2], Bikal, das er ungarisch verfasst hat, und mir Heinrich Sommer, sein Enkel und mein Schulfreund, überließ und ich 2016 nachgedichtet habe, konnte ich aus Zeitgründen in der Kirche zu Pfingsten nicht vortragen. Weil das Gedicht in der Situation entsprang und die Emotionen der Vertriebenen bei der Vertreibung so schön fasst, stelle ich es in beiden Sprachen hier her.

Az én hütlen hazám

Magyarország volt a hazám,
Benne nevelt apám s' anyám,
Magyarországnak szolgáltam,
Ellenséggel szembeszáltam.
Magyarországért szenvedtem,
A hazámért rokkant lettem.
Jó barátoknak örültem,
Magyarországban nösültem.
Gyermekeim megnevelém
Magyarország területén.
Kötelességemet tettem,
A hazámat becsültem.
Magyarországot szerettem,
De kibocsájt most, oly kegyetlen.
Minden szorgalmam mellékes,
hazámnak nem vagyok édes.
Svábok voltak édes szüleim,
Azért az én hazám gyülöl.
Ó tartsd ország figyelemben:
Igaz Isten van az Égben.
A bünöst Ö itéli el
S' kegyetlennel Ö is kegyetlen.
Az utolsó szó csak az Övé,
Òrszág mit hoz a jövö?...

Untreue Heimat[3]

In der Heimat Ungarn geboren,
Von Vater und Mutter erzogen,
Für's Ungarnland gedient, gelitten,
Feinden entgegengeschritten,
Galten meine Leiden, Sorgen,
Bin ich Invalid geworden.
Mit guten Freunden mich gefreut,
Im Ungarnlande ich gefreit.
Hab die Kinder auch erzogen
Ich auf Ungarischem Boden.
Treu ich meine Pflicht erfüllend,
Immer mit der Heimat fühlend
Liebt ich dich, Ungarn, grenzenlos,
Das mich raus wirft gnadenlos.
Meine Mühen, Sorgen, Blut,
Sind meiner Heimat nicht mehr gut.
Schwaben meine Eltern waren,
Drum hasst man mich, will mich verjagen.
Bedenkt das Land nicht und vergisst:
Ein wahrer Gott im Himmel ist.
Die Schuldigen die richtet ER
Auf Unrecht härter wirkt der HERR.
Das letzte Wort, das ist nur SEINS,
Land was bringt dir dermaleinst?...

Katharina Pfeiffer übersetzte tadellos und gefühlvoll ins Ungarische. Konrad Lötz sprach nach mir ungarisch und ging auf das Werden und die Entwicklung der Kirchgemeinde bis zur Vertreibung ein. In der Zeitfolge hätten seine Worte besser vor meine Ausführungen gepasst.

Im Anschluss an die Gedenkkirchenveranstaltung folgte eine Kranzniederlegung an der Gedenktafel für die Vertriebenen vor dem Gemeindeamt, zu der die Frau Bürgermeisterin, Ibolya Csapo (Remler), eine Ansprache hielt. Ihrer engagierten Rede lauschten wir mit Bärbel unter der „Oppermannbuche", die meine Studienfreunde 1995 setzten und ein stattlicher Baum wurde, unmittelbar vor dem steinumfassten plätschernden Brunnen auf dem Gemeindehausvorplatz. Damals war noch Imre Toth der Bürgermeister von Kaposszekcsö.

Den Abschluss des Tages bildete ein gemeinsames Essen in dem Kulturhaussaal, der etwa an der Stelle erbaut wurde, wo unser Klassenzimmer der ersten bis vierten Klasse stand, wenn nicht gar auf seinen Grundmauern erbaut wurde. Den Einzug in den Saal und die Veranstaltung begleitete wieder das Dorfblasorchester unter Milan Köhler, einem Enkel der Cousine meines Vaters, Eva Köhler, geb. Beck. Das Essen war sehr gut und sehr reichlich, das Tischgeplauder verhalten angenehm.

Als nach dem Essen Milan Köhler und sein Blasorchester zum Tanz aufspielten, eröffnete mein Schulfreund János Szécsei, der ein geborener Johann Sauerwein war, den Reigen mit Bärbel, was einige Augen erstaunen, Bärbels Augen strahlen und mein Herz frohlocken ließ. Wir hatten beide an dem Abend an der Tafel u. a. eine unvergessliche Begegnung und Unterhaltung, ich mit Oswald Hartmann, dem Herausgeber des

„DAS DONAUTAL-MAGAZIN"

in Sersheim, worin regelmäßig Beiträge von mir erscheinen, aber wir uns noch nie persönlich begegneten, und Bärbel mit der Lebensgefährtin von Oswald, Marta Wolf, die ihre Wurzeln in Sektschi - Dombóvár hat.

Der schöne Abend nahm leider für viele ein zu frühes Ende, der Bedarf an persönlichen Gesprächen war groß, die Musikanten spielten angenehm auf und die Stimmung war gut, doch die Veranstalter hatten noch ein straffes Programm die folgenden zwei Tage vor sich.

Hier möchte ich einen besonderen Dank und Gruß an Milan Köhler anbringen. Sein Großvater, Michael Köhler, er blies Tuba, war der angeheiratete Cousin meines Vaters, Johann Oppermann, und sie hielten die Freundschaft hoch. Wie hat sich die Welt seit dem verändert. Wenn die beiden erfahren könnten, wie die Beziehungen im Dorf, wie ihre Enkel und Urenkel sich entwickelt haben, sie könnten sich freuen und ihren Hut ziehen.

Venceremos; trotz alledem.

1) *Otto Heinek verstarb nach kurzer, schwerer Krankheit mit 58 Jahren, während dieser meiner Niederschrift*
2) *Stefan Hansel, Bikal, Einwaggonierung in Dombóvár / Dumbwa, Mai 1948!*
3) *Siehe auch Heinrich Sommer, Erinnerungen, Selbstverlag, Tamm 2016*

Pfingstsonntag

Der Pfingstsonntag begann wieder 10 Uhr mit einem Kirchgang in Kaposszekcsö / Sektschi. Rolf Domke nahm uns von Gunaras nach Sektschi in seinem Auto mit. Das Kirchenschiff war auch an diesem Tag gut gefüllt, was den Pfarrer freute und ihn zu der Bemerkung veranlasste, dass es jeden Sonntag so schön gefüllt sein könnte... und im Stillen vielleicht noch dachte, wie die Bierkrüge im Wirtshaus Sonntags nach dem Kirchgang. Doch auch das war einmal. Am ehemals Weizelswirtshaus, wo meine Altväter gerne nach der Kirche reinschauten, sah ich diesmal keinen Eingang und keinen Ausgang.

Wir kehrten dafür mit Rolf in der Csárda am oberen Dorfausgang von Sektschi nach Vásárosdombó zu, kurz vor der einstigen Dobogóbrücke, gegenüber unserer Sarádäcker ein, wo ich das Rinderackergespann 1945, nachdem die Sowjetarmisten unsere feurigen Braunen aus dem Stall geführt hatten und gegen ihre lahm gewordenen Gespanne austauschten und vor die Geschütze spannten, durch die Ackerfurchen führen musste. Die wiederholt von den Wiesen eingefangenen Gäule, die sich leidlich erholt hatten, wurden entweder wieder von den Muschniks aus den Ställen geführt oder von Vater und Großvater aus den Ställen auf die Wiesen gejagt, weil es trommelte, dass alle Pferdebesitzer einspannen und an die Front am Balaton fahren müssten, um Verwundete abzutransportieren.

Doch diese Kindheitserinnerungen konnten nicht lange verweilen, der Kellner, die Bestellung und die stimmungsgeladene Csárda und unsere Unterhaltung ließen meinen träumerischen Erinnerungsausflügen keinen Raum, wie die restlichen Tage in und um Sektschi auch.

Den vom Komitee nicht verplanten und von uns freiverfügbaren Nachmittag fuhren wir mit Bärbel und Rolf nach Kosat (Egyházaskozár) und Bikal. Frau Pfarrerin Elisabeth Koskai in Egyházaskozár hatte wenige Tage zuvor die Auszeichnung:

„Beste Landpfarrerin des Komitats"

erhalten, zu der wir ihr herzlich gratulierten. Sie war überrascht, eine solche Aufmerksamkeit von uns zu erfahren und hatte Mühe, sich an uns zu erinnern, die wir schon Jahre zuvor ihre Unterstützung bei unserer Ahnensuche in den Kosater Kirchenbüchern um Hilfe ersuchten und sie mehrfach in Anspruch nahmen.

Bei János Leipold, nur wenige Häuser weiter auf der gleichen Strasse wohnend, bestellten wir Honig und bei der Hildstochter in Bikal, die jetzt Elisabeth Susanne Lofink heißt, bestellten wir auf der Rückfahrt unsere Bikaler Paprikawurst.

Am Abend saßen wir, nach dem Abendessen in der Hotelgaststätte von Peter Tigelmann, in der Zeltgaststätte am Ringplatz, schräg gegenüber unserem Hotel, zu einem Krug Braunbier ein. Es sollte auch das einzige Braunbier auf dieser Reise in und um meine Geburtsheimat zu Pfingsten sein.

Pfingstmontag

Am Pfingstmontag fand kein Gottesdienst statt, Pfarrer Szabo predigte in Dombóvár, seiner Zweitgemeinde. Die Orgdamen hatten statt dessen für 10 Uhr eine Lesung aus meinem Buch: „Jergescher Geschichten, die Vertreibung aus dem Paradies" im Vortragssaal des Altersheimes, ans Pfarrhaus angebaut, vorgesehen. Der Saal war gut gefüllt, viele bekannte Gesichter und die Orgdamen, Konrad Lötz und Charlotte, auch Oswald Hartmann und Frau Marta waren da, Stefan Winecker, Johann Wolf, Katharina Szekcsöi u. a. m.. Und der restliche Raum war aus dem Altersheim aufgefüllt, von denen mich Kathi Remler hier als erste begrüßte.

Katharina Pfeiffer leitete kurz und nett ein, vorzustellen brauchte sie mich ja nicht, und hieß mich am Tisch Platz zu nehmen. Nach kurzem Gruß stellte ich das Anliegen meines Buches vor, mit dem ich die Zeitspanne zwischen dem Kriegsende und der Vertreibung der Deutschen aus Ungarn und das damit verbundene Leid der über 250 Tausend geflüchteten und vertriebenen Deutschen einem breiten deutschen Leserkreis, besonders der uninformierten und uninteressierten Jugend, auch meinen Kindern und Kindeskindern, nahebringen und erzählen wollte.

Die Geschichten „Heumahd", „Kukuruzschälen" und Hudwaadmarkt" sollten die bis 1946 noch friedliche Stimmung und mit „Traubenklau im eigenen Weingarten", „Kis Kati néni" und „Hudwaadfußball" das Leben im Jergesch andeuten und mit der Geschichte: „Die Vertreibung" setzte ich den Schluss- und Höhepunkt. Meine Stimmung war gut, man hörte mir aufmerksam zu, stellte einige Fragen zum Abschluss und etliche Bücher, die ich mit hatte, fanden ihren Interessenten. Einige Bücher habe ich später zugeschickt. Oswald Hartmann fand die Hudwaadgeschichten ganz nett und bat, sie bald im Donautalmagazin seinem Leserkreis vorstellen zu können.

Im Anschluss an die Lesung haben uns Lotti und Konrad Lötz zum Mittagessen eingeladen, was wir gerne annahmen. Die Orgdamen wiederholten und mahnten beim Aufbruch, dass wir aber ja

14 Uhr pünktlich zum Kulturprogramm mit Blasmusik sein sollten. Konrad und Lotti beruhigten die Damen, das Essen, stünde
bei ihnen schon fertig auf dem Tisch. In der Tat, Sohn Gabor und
Schwiegertochter Marika hatten eine feine Rindsnudelsuppe und
ein feines Rinderpörkölt im Kessel und dazu Klöße bereitet, dazu
servierte Konrad einen Weißwein der letzten Reserve aus dem
Wingert, nun der von seinem Sohn Gábor.

Konrad hieß uns herzlich willkommen und meinte, beim Begrü-
ßungstrunk mit einem halbtrockenen Sekt, sie hätten alle Haus-
rechte und Pflichten an den Sohn und die Schwiegertochter abge-
treten. Und sie tischten auf und ihre Gastgeberrolle und Gastge-
berherzlichkeit blieb nicht hinter der unserer alten Freunde zurück. Der Wein trug natürlich noch Konrads Handschrift und
schmeckte wie eh und je. Das feine und geschmacklich heimische
Essen und die anheimelnde Atmosphäre, samt der freundschaft-
lich herzlichen Aufnahme von Bärbel tat uns beiden gut. Die wenigen Stunden bei und mit Lottis und Konrads Familie hätten
noch dauern können, doch die Zeit und das mehrfach angemahnte
Montagspfingstprogramm riefen.

Überraschung

Rolf Domke holte uns bei Lötzens im Oberdorf ab und wir fuhren
gemeinsam in die Hintergasse und parkten unter den schattigen
Akazien, die links und rechts der Gasse einst von unseren Schul-
klassen im Frühjahr 1946 unter Anleitung unseres Lehrers Géza
Szilágyi gepflanzt wurden. Just an der Stelle beschatteten Rolfs
Auto meine prachtvollen Akazienexemplare, sie waren besonders
ausladend groß geworden. Rolf geleitete uns in den Hof. Im Hofe
des neuen Schulkomplexes, zwischen einst Gesellmann Michels
Stallung und Scheune und der ungarischen Schule, mit Lehrer
Dallos's Haus, und der neuen Turnhalle war schon lebhaftes Treiben. Vor der Turnhalle ein Bierstand, an dem wir gleich ein Glas
offeriert bekamen.

Aus dem großen Zelt drang uns schon beim Herankommen ein Stimmengewirr entgegen, entlang des Weges dahin rechterhand zwei Stände mit allerlei Süßigkeiten und Snakes. Am Eingang zum Zelt begrüßten uns Katharina Pfeifer und Marta Dudas und sie platzierten uns gleich vorn am erstem Tisch neben sich, an dem auch schon Lötz Charlotte saß, Konrad kam später zu. Rolf herzte erst mal Martas dreijähriges Enkelchen, das „Opa" Rolf innig liebte. Wenige Minuten später gesellten sich noch mein Freund János Szécsei mit Frau Margó an den Tisch, die extra zu der Nachmittagsveranstaltung aus Pécs heran kamen. Die Begrüßung rundum war ein einziges Gemurmel, obwohl das Dorforchester mit Milan Köhler das Zelt schon leise übermalte. Im Zelt waren vier Reihen Gartenmöbeltische mit Bänken aufgebaut, etwa 5-6 Bänke in der Reihe, so dass knapp 300 Menschen das Zelt füllten und die Luft unter dem Zeltdach vibrieren ließen.

Ein Posaunenstoß, ein Tusch und drei Blasorchester bliesen und trieben ihre Töne gleichzeitig ins Zelt. Ein Dirigent auf einem Tisch, mitten im Zelt, dirigierte die Orchester, je eins vor den beiden Eingängen und eins auf der Bühne, zu dem Einzugsmarsch von Aida. Darauf ein Fanal, beschwingte Märsche und vor der Bühne zog vom linken Zelteingang der Dorfrat auf. Bürgermeisterin, Ibolya Csapo (Remler), mit Akte in der Hand, vornweg.

Und sie verkündete, dass sie heute zum Auftakt der Kulturveranstaltung besonders gern einen besonderen Beschluss des Dorfrates vortragen dürfe. Und sie hoffe, dass derjenige, den es betrifft, sich bei ihrem Vortrag schnell erkenne. Und sie verlas, dass derjenige besonders und vielfältig mit dem Dorf verbunden sei, über das Dorf schrieb, von da stamme, aber da nicht weiter leben konnte, hinauszog, studierte, ein großer Wissenschaftler wurde, mehrfacher Doktor sei, sogar ein Experiment im All hatte usw. bla, bla, bla..., und heute ihm die schon im März beschlossene Ehrenbürgerschaft von Kaposszekcsö ausspreche und überreiche.

Ich wollte es nicht glauben, ich war einfach sprachlos. Dass etwas mit mir veranstaltet würde. sie was vorhatten, hatte ich aus der wiederholten Drängelei und Mahnung zur Zeiteinhaltung geschlussfolgert, aber an die Ehrenbürgerschaft nicht gedacht, sie nicht erwartet. Das verschlug mir die Sprache. Und entsprechend konnte ich nur wenige Worte des Dankes aussprechen, wo ich sonst nicht erschlagen bin und an dieser Stelle doch vor dem ganzen Dorfe eben diesem, meinem Dorfe, meiner Geburtsheimat hätte ausführlich für diese Ehrung danken sollen, ja müssen.

Schon in der Kirchveranstaltung am Samstag und nun wieder nach der Verleihung des Titels und nach dem das Ganze sich setzte und mein Puls wieder normal schlug, kam mir ein Gedanke hoch, dass spätestens an dieser Stelle einer der ungarischen Dorfbewohner eine Entschuldigung für die ungerechte und mit nichts gerechtfertigte Vertreibung der Deutschen aus dem Dorfe durch seine Vorfahren hätte aussprechen können. Das Zelt war von allen Schichten des Dorfes und vielen Gästen aus den umliegenden Ortschaften gefolgt, bis an den Rand gefüllt. und wäre dafür und zu diesem Anlass besonders geeignet, ja würdig und notwendig gewesen.

Viele Glückwünsche und Umarmungen folgten, eine davon blieb mir in besonderer Erinnerung. Aus der dritten Bankreihe mühte sich eine Dame, mit ihrem Jungen und ihrem Mann, hervor. Sie kamen heran und gratulierten besonders herzlich. Die Dame im bunten Kleid umarmte mich, es war Krisztina Koós mit ihrem 10-jährigen Gergö an der Hand und Ehemann Károly, die jetzigen Bewohner unseres, meines Geburtshauses. Die Geste war rührend. Der 10 jährige Gergö war drei Jahre, als wir sie vor Jahren mit Tochter Heike, Schwiegersohn Karsten und Enkel Niklas, unserem jüngsten Enkel, kurz besuchten, ich meinen Kindern Haus und Hof zeigen konnte. Der damals dreijährige Gergö lief die ganze Zeit an der Hand meines zehnjährigen Enkels, Niklas, und strahlte immer: „Nagy barátom" (mein großer Freund) und ließ den „großen Freund" nicht los und war beim Abschied sehr traurig. Nun ist er selbst ein stattlicher und verständiger, netter und hübscher Junge.

Schade ist, dass diese Zeremonie, den ganzen Aufzug und die ganze Ehrung und Veranstaltung meine Kinder nicht miterleben konnten, es hätte ihnen auch gut getan. Doch wir wussten im Vorfeld davon nichts, und ahnten auch nichts. Ein Glück für mich war aber, dass die ganze Zeit Bärbel an meiner Seite saß und einen großem Teil davon abfing und von mir einen Teil der Erhöhung und Rührung ableitete und so mir psychisch beistand.

Über meine Ehrung als Ehrenbürger von Kaposszekcsö hat Bärbel sich natürlich auch sehr gefreut und sich mit geehrt gefühlt.

Die Ehrenbürger Urkunde stelle ich übersetzt hierher und meine emotionale Erhebung habe ich in dem folgenden Gedicht: „Pulsschläge im Mai" versucht zu fassen.

Ehrenbürger Urkunde

der Gemeindeverwaltung Kaposszekcsö
Mit Beschluss Nr. 20 / 2018 (23.IV.) wurde

Heinrich Oppermann

auf Grund seiner Verdienste um die Gemeinde
zum Ehrenbürger ernannt

Kaposszekcsö, den 21.Mai 2018

Csapó Gyuláné   Gemeinde   Dr. Kovács Ildikó
                      Kaposszekcsö
                       (Stempel)

Aus dem Ungarischen übersetzt. Original siehe Umschlagsrückseite

Pulsschläge im Mai[1]

Aus dem Geburtsdorf in Ungarn als Deutscher vertrieben,
verloren Heimat, Acker, Hof und Haus.
Viel darüber geschrieben,
schöne Erinnerungen bis ins Alter geblieben.
Und ein leiser Zug nach einem vertrauten Dort.
Bewegte Jugend, reifende Jahre, um die Welt
gewirkt, geforscht, geformt und erhellt,
ein Experiment erfolgreich in den Kosmos gestellt,
in Kommissionen, Beiräten, Gremien an manchem Ort
in Ost und West gesessen,
beachtet, gelobt, getadelt, belächelt - gegessen.
Die Geburtsheimat allweil nicht vergessen.

Nach siebzig Jahren der Enkel Besinnung
an unwürdiges Verhalten ihrer Ahnen,
teils noch lebender Vorfahren, Magyaren,
deren Verführung zu unsrer Vertreibung?

Im Zelt das Dorf mit Mann und Maus.
Posaunen, Trompeten,
Dorfkomitee, Erheben.
Ehrung:
    „Ehre, dem einstigen Bürger,
    den wir nicht nennen,
    er wird sich erkennen...".
Ein Würger!
Pulsschläge, fassungslos, sprachlos!
Ich, der Vertriebene, ein Ehrenbürger?

Venceremos? De azért is? Trotz alledem?
Auch zur Ehre dem ehrenden Haus!

---

[1]   *Zur 70-jährigen Wiederkehr der Vertreibung der Deutschen aus Kapos-szekcsö / Ungarn im Mai 1948 - zu Pfingsten 2018*

Kaposszekcsö

Hier sollen einige Erklärungen zum Dorf Kaposszekcsö, wie es war und wo und wie es heute ist, hergestellt werden, um allen, die es noch nicht wissen oder so genau nicht wissen, noch einmal vorzustellen.

Kaposszekcsö /Sektschi, Szekcsö liegt in Ungarn, im jetzigen Komitat Tolna. Als ich geboren wurde und zur Schule ging, lag es in Baranya, mit der Kreisstadt Sásd, Komitatshauptstadt Pécs / Fünfkirchen und dem Bezirk Hegyhát. Die Gebietsneuordnung in den neunziger Jahren, nach der Wende, hat den nördlichen Baranya-Zipfel mit Kaposszekcsö im Komitat Tolna begradigt und die Gemeinde dem Komitat Tolna zugeordnet, mit Komitatshauptstadt Szekszárd / Seksard.

So wurde ich mit meinem Geburtsdorf also der Geburtskomitatshauptstadt meiner Großmutter zugeschlagen und Pécs / Fünfkirchen, meiner eigentlichen Geburtskomitatshauptstadt, und der meines Großvaters, entzogen. Da ich aber weder da, noch dort großwerden durfte, hat mich diese Neuordnung nur einige Erklärungen auf deutschen Ämtern gekostet, denen ich meine unterschiedlichen Angaben zu meiner Herkunft, nach der Wende, umständlich erklären musste.

Das Dorf Kaposszekcsö liegt im Dreieck Donau-Drau und Plattensee, zwischen zwei Bergausläufern des Mecsekgebirges. Seine höchsten Erhebungen sind der nordwestlich über Pécs liegende Jakabsberg mit 602 m, der direkt nördlich liegende Tubes mit 612 m und der nordöstlich, schon fast östlich sich etwas höher erhebende Zengö, mit 682 m über dem Meeresspiegel. Der Mecsek selbst ist eine Gebirgserhebung mit etwa 45 km Ausdehnung von West nach Ost und einer Breite von 10 bis 15 km. In ihm sind über ein Dutzend Erhebungen über 500 m Höhe, die auch heute noch bedeckt sind von einem Mischwald, darunter auch von Edelkastanienwäldern.

Der eine Bergzug, vom höheren Zengö herlaufend, verläuft östlich von Sektschi, an ihm und vor ihm liegt Csikostöttös / Tiedisch, das durch den Kaposkanal, der besonders im Ausgang des Winters das ablaufende Wasser des Mecsek zum Kapos und damit weiter zur Donau abführt. Der Kaposkanal, wurde einst von unseren Ahnen ausgehoben, er trennt auch den Sektschier Hotter vom Tiedischer ab. Und der andere Bergausläufer, der sich vom Jakabsberg herzieht, verläuft westlich vom Dorf, an ihm hängen die Sektschier Weinberge, der Nyáros, der Szárhegy, der Pusztahegy und der Nyerges. Dahinter liegen die Gemeinden Jágonak / Jagenak und Kercseliget / Gerstleck.

Als Deutsche Siedler des ersten Schwabenzuges (um 1720) und zweiten Schwabenzuges (um 1745) nach Ungarn, sich dann ab 1775 in Sekundärsiedlung (in Zweitsiedlung quasi der ersteren, deren Kinder und Kindeskinder) von den der Donau näher gelegenen Niederlassungen und Siedlungen, sich Sektschi zuwandten und in Sektschi niederließen, wohnten einige Ungarn und Kroaten im Dorf, verstreut im jetzigen Unterdorf, der hinteren Sandgasse und der oberen Gasse.

Außer im Jaroscher Weinberg lebten in den drei anderen Weinbergen, vor allem im Nyerges / Jergesch, mehrere ungarische Häusler. Der Jergesch war aber zu der Zeit eine eigene Siedlung und wurde in das schnell wachsende Zentraldorf an den zwei Hauptstrassen - nach Pécs und Szekszárd - eingemeindet. In der Neuzeit wurde der Jergesch wieder vom Dorf getrennt und Dombóvár als Dombóvár-Szölöhegy zugeordnet, wohl weil Dombóvár keinen Weinberg hatte.

Das Dorf entwickelte sich nach der Erstbesiedlung von Deutschen schnell. Die Kroaten zogen nach und nach weg, weitere Deutsche, die zweite und dritte Generation der Erstankömmlinge, die Sekundärsiedler aus anderen Dörfern, zogen zu und daraufhin auch weitere Ungarn. So, dass ab 1864 schon zwei Kirchen nebeneinander das Dorfbild prägten, die noch heute friedlich nebeneinander stehen und ihre Glocken und ihr weißes Kleid weit in die Sandgass und die Hauptstrasse rauf und runter und in die Au zwischen den zwei Gebirgshangausläufern des Mecsek läuten und leuchten. Die erstgebaute deutsche, evangelische Kirche, ragt etwas über die ungarische, die katholische Kirche, hinaus, entsprechend der damaligen Gegebenheit im Dorf.

Bis zu dem II. Weltkrieg lebten in Kaposszekcsö etwa 900 Menschen im Kerndorf und etwa 200 im Jergesch und auf dem Mausch-Poste [1]. Die Bewohner im Jergesch waren nur Ungarn. Über 370 Deutsche wurden 1948 vertrieben, 140 flohen Ende November 1944 vor der heranziehenden Front, etliche Bewohner gingen zu der Zeit aus dem Dorf und zogen in die Umgebung und die Städte.

Das Dorf hat sich aber nach der Vertreibung der Deutschen und der ersten mageren Nachkriegsjahre und der Nachvertreibungsjahre recht schnell erholt. Viele Deutsche und auch Ungarn aus den umliegenden Dörfern zogen in Kaposszekcsö zu, viele neue Häuser wurden gebaut, ganz neue Straßenzüge und Wohnviertel entstanden. Das Dreieck, Hauptstrasse, Obere Gasse und Sandgasse, das weitestgehend unbewohnt war, früher Hohstell oder Acker war, ist neu besiedelt.

Eine Straße hinter der oberen Gasse, vom Friedhof, oben an, bis zur Sarád, der Schrademühl, hinunter, ist neu bebaut worden und hinter der Hauptstraße ist, hinter den Hohstellen der Häuser der oberen Gasse, eine neue Strasse mit Villenhäusern entstanden, so, dass Kaposszekcsö jetzt schon über 1500 Einwohner zählt. (Einschließlich des ehemaligen Mausch- und späteren Kasernenbereichs, der Russenkasernen im Akazienwäldchen, dem jetzigen „Ipari Telep", der Industriesiedlung. Früher baute hier auf sandigem Boden der Gutsbesitzer Mausch mit einer Handvoll Angestellten u. a. Dinye, Wassermelonen, an, was uns Kinder besonders anlockte.)

Im „Ipari telep" sind, nach dem Abzug der dort über Jahre stationierten Russischen Raketenabwehr, kleine Unternehmungen angesiedelt, so eine Schuhfabrik mit an die hundert Beschäftigten. Auch der Bereich von der Hintergasse, am Kreutz, bis Hudwaad ist völlig neu bebaut.

Das Dorf Kaposszekcsö ist ein völlig anderes geworden und macht heute einen guten, gepflegten und wohlhabenden Eindruck. Der Zuzug ins Dorf war in den 1950-er und 1960-er Jahren wohl besonders den zwei gut und erfolgreich wirtschaftenden LPGs, den Landwirtschaftlichen Produktionsgenossenschaften, zuzuschreiben, (Ungarisch: Termelö Szövetkezet`s, TSCs). Was aber wohl auch der Tatsache zuzuschreiben ist, dass in den umliegenden Dörfern von Sektschi sich die Deutschen nicht so wohl fühlten, das Verhältnis zwischen Ungarn und Deutschen in den wirren Jahren nach 1948 nicht in allen Dörfern der einstigen Schwäbischen Türkei gleich gut war. Das Verhältnis hat sich erst mit den Jahren allmählich wieder gebessert und später dann normalisiert.

1)   *Poste nannte man ein größeres zusammenhängendes Gut*

Zwei Kirchen[2]

(in Kaposszekcsö)

Am Wege durchs Land
hebt aus dem Sand
sich ihr graues Gewand.
Schweift der Blick steil hinauf,
richtet eine sich am Glauben der anderen auf.
Halten Zwiesprache,
zweisprachig,
zweigläubig.
Ihr oberes Kleid
schwebt aus dem Grau
im hellen Geläut
und strahlt in die Au –
aus vergangener Zeit.

2)   *verfasst 1980 anläßlich eines Geburtstages meiner Mutter*

Dienstag

Bärbel war mein Schirm und Seelenheil nicht nur während der Pfingstfeiertage in Kaposszekcsö, auch während der ganzen zweiwöchentlichen Pfingstreisezeit, die von Dombóvár und Sektschi über Pécs / Fünfkirchen und Villány / Wieland und Kismányok / Klamanok und wieder zurück nach Dombóvár, über Balatonfenyves, einem Besuch meines Freundes Heinrich Sommer und seiner Frau Elisabeth, und weiter nach Rust am Neusiedler See heimwärts führte. Aber schön der Reihe nach.

Für Dienstag nach Pfingsten war für 18 Uhr eine Lesung aus meinen „Nyergescher Geschichten" im Deutschklub in Dombóvár, mit dem Leiter des Klubs, Norbert Raub, per Mail und telefonisch abgesprochen. Den Vormittag nutzten wir, um einen Blick in das nahegelegene Kaufhaus TESKO zu werfen und an dem dortigen Optikerstand meine, durch die Fahrt und das wiederholte Wechseln mit der Sonnenbrille etwas ramponierte, Brille richten zu lassen. Diese Kaufhalle steht an der Ausfallstrasse nach Tamási, kurz vor der Abbiegung nach Högyész und dem Warmbad Gunaras. Unweit unserer Unterkunft in Gunaras also, eine bequem erreichbare Einkaufsstätte für die Gäste von Gunaras.

Eine riesige Halle, in der uns besonders die Regale mit ungarischer Paprikawurst und den heimischen Rotweinen anlockten. Die Größe und das breite Angebot erlahmte uns aber bald, so dass wir nach wenigen Shirts und Hosen für Bärbels Enkel die nahegelegene Apotheke auf der Strasse nach Kaposvár aufsuchten, wo Bärbel mit ihrem Arztausweis eine Tablettensorte für Rolf Domke erstehen wollte.

Nach kurzer Mittagspause habe ich mir die Jergescher Geschichten markiert und angesehen, die ich im Klub vortragen wollte. In der Zeit hat Bärbel von ihrem Zimmer aus mit Rolf Domke, der an dem Tag seinen 77. Geburtstag hatte, versucht zu telefonieren, um mit ihm für den Abend einen Treff im Gartenlokal von Patricia zu verabreden. Kurz vor 16 Uhr ging ich zur Rezeption hinunter, um mir eine Verbindung nach Kismányok, „Cousine" Erzsi herstellen zu lassen und sie an die Lesung am Abend zu erinnern, zu der sie kommen wollte. Da tritt Herr Glaub zu mir heran und eröffnet mir, dass die Lesung ausfalle, weil kurz nach Pfingsten die Klubbesucher sicher nicht kämen.

Ich hätte ihm an die Gurgel springen mögen. Er hat sicher gar nichts unternommen, denn all die von mir persönlich über Pfingsten angesprochenen Freunde in Sektschi, einschließlich des Verlegers des Donautalmagazins, Oswald Hartmann mit Gattin, berichteten mir tags darauf, dass sie bis nach 18 Uhr vergebens vor dem verschlossenen Klubhaus in Dumwa warteten und enttäuscht waren, dass keiner kam. Bei dieser haltlosen und peinlichen Ausrede und Schlampigkeit von Robert Glaub, vergaß ich selbst hinzufahren.

Allein das Treffen mit Rolf, der an diesem Tag seinen 77. Geburtstag hatte, und das Anstoßen mit ihm im Gartenlokal Patricias, nebst ihrem frisch bereiteten Steak mit Bratkartoffeln und der launig, lauschige Abend, entschädigte uns den, durch den Ausfall meiner Lesung doch etwas vermiesten Nachmittag. Rolf war mit Marta und Familie von einem Ausflug an den Balaton zu Martas Tochter gerade noch rechtzeitig in Gunaras zurück und in Patricias Gartenlokal eingeflogen. Doch sein Bericht zu dem Ausflug war sehr knapp ausgefallen, wohl, weil der Ausflug knapp neben das Wasser gefallen schien?.

Mittwoch

Am Mittwoch machten wir einen kleinen Bummel durch Dumbwa, leisteten uns ein Eis und später einen Kaffee, bzw. Cappuccino und besuchten das Geschäft mit allerlei Haushaltsartikeln gegenüber vom Gymnasium, bevor wir mit Rolf zum Mittagessen in sein Stammlokal, das Restaurant Sicilia, in der Nähe des alten Marktplatzes fuhren. Wir sollten ein kleines emailliertes Einliterschüsselchen für Gerdi Hild in Bautzen[1], und Spritzmittelpulfer für meinen Datschenwein kaufen, Spritzmittel gegen den Mehltau.

Das rote 1 Liter Emailschüsselchen hatte Gerdi für ihre Schwiegertochter, Carmen, bestellt, damit sie für das Baby ihrer Enkeltochter, also Gerdis Urenkelchen, das grad ein dreiviertel Jahr alt war, den Brei schnell und bequem warm machen könnte. Da ich ohnehin die jungen Leute um Roland Hild, Gerdis Sohn, in Oberkaina besuchen wollte, fuhren wir mit Gerdi gemeinsam hin. Die drei Frauen-Generationen saßen im Schatten am Sandkasten unter der Blautanne, hinter der Garage. Das Kind krabbelte im Sandkasten. Das Schüsselchen wurde dankend entgegengenommen und unter die Tanne gestellt. Tage danach erkundigte sich Gerdi, ob denn das Schüsselchen für die Breibereitung für Penelope, so hieß das kleine Würmchen, geeignet sei. Oh! Das Schüsselchen war weg. Das Spielchen: „Wo st das Schüsselchen?" begann. Unter der Tanne? Nichts! Sandkasten umgegraben! Nichts. Im Hasenstall? Nichts.

Anzeige:
Suche „Schüsselchen": Zwei schwarze Griffe, Roter Lack, blauweiße Emaile innen, Boden schwarz.
Belohnung:
Urenkel Penelopes Lächeln.

Doch zurück nach Gunaras.

Nach einer kleinen Mittagspause besuchten wir am Nachmittag Heinrich und Katharina Reining in ihrem Gunarascher Sommerhäuschen, wo wir zum Kaffee eingeladen waren. Mit den beiden war Bärbel schon Jahre bekannt und ich hatte mit ihnen mehrfach gemailt, sie haben wiederholt ausgesprochen, dass wir uns treffen müssten. Reining Heinrich stammte aus Attala und war mit den Sektschier Reinings ahnenverwandt. Meiner Schild Großmutter, geborene Gesellmann, Schwester Katharina, war mit Heinrich Reining, der aus Attala nach Kaposszekcsö kam, verheiratet und somit Tante meiner Mutter.

Über diese weiten Ecken sind wir also mit den Reinings aus Attala, die in Deutschland in Oberursel ihr Heim und in Gunaras ein Sommerhäuschen haben, verwandt. Selbst die Gleichheit der Vornamen mit den Sektschier Reinings ist schon bemerkenswert. Heinrich Reining galt in Gunaras als guter Orts- und Situationskenner und wurde von vielen Gunaras Besuchern als „Bürgermeister" von Gunaras tituliert. Die Sektschier Reinings sind inzwischen ausgestorben. Die Töchter der Tante meiner Mutter, Katharina und Elisabeth, haben nach Pogány geheiratet, der Sohn Heinrich ist wie sein Vater durch reichlich Alkoholgenuss in Sektschi verstorben.

Am Abend dieses nachhaltigen Mittwochs saßen wir wieder bei Patricia in ihrem Gartenlokal ein. Ein ehemaliges Wochenendhäuschen, wie sie in der Gründerzeit des Bades Gunaras in den Nachkriegsjahren gebaut wurden und eine ganze Siedlung Dombóvár-Gunaras errichtet wurde. Die Häuser hatten damals eine Grundfläche von etwa 30 Quadratmeter und waren mit einem Obergeschoss, das als Schlafkammer diente, ausgerichtet. In der Neuzeit sind fast alle dieser Häuschen modernisiert, erneuert und besonders im Innenausbau ergänzt worden. Die Grundflächengröße musste aber beibehalten werden. Die Häuser haben einen kleinen Garten- und Hofbereich. Zur Straßenseite zu waren meist überdachte Veranden gebaut, die an einen nur wenige Meter breiten Vorgarten angrenzten.

Ein solches kleines, Gartenhäuschen hat Patricia an der Haupteinfahrtsstrasse zum Gunarascher Bad, am Hauptplatz, wo die Fürdö utca (Badstrasse) auf die Hableány u. (Sahnemädchen Str.) trifft und zum Badeingang führt und die Napsugár utca (Sonnenschein) kreuzt. Der Verandabereich samt dem Vorgarten wurden zu einer Freisitzplattform ausgebaut, überdacht und mit Gartenbänken und Gartentischen, wie sie auch bei uns in Biergärten stehen, bestückt und mit Plexiglas überdacht. Das satte Grün der Badstraßen und ihrer hohen Bäume und das Gartengrün der umliegenden Häuschen ergeben bei abendlicher Beleuchtung des Bäderbereichs der kleinen Patriciaschenke ein stimmungsvolles Ambiente.

Und ergänzt durch den Scharm der mittvierziger Wirtin lockt das kleine Lokal nicht nur an den lauen Sommerabenden seine Gäste aus den zahlreichen Sommerbungalows in der Siedlung und aus den Hotels an. Bei den zum Tag ausklingenden Spaziergängen durch das zur Ruhe kommende, immer grüner werdende Gunaras, saugt das rustikale, aber feine Gartenlokal Patricias geradezu magisch ein. Spielen dann gar Musikanten am Abend einschmeichelnd und verhalten stimmungsvoll in ihrer Ecke, ist das nahe Patricia-Eck, optisch, akustisch, kulinarisch und gastfreundschaftlich nicht zu überbieten.

Wir saßen am Ende der vorderen von den drei langen Tischreihen an einem Zweiertischchen und lauschten lange drei jungen Musikern, die für das ihnen spendierte Freibier launige und lustige ungarische Volksweisen und alte Schlager aufspielten und auch sangen und die kleine Besucherschar des Lokals zum Tanzen, Schunkeln und Mitsingen animierten. Viele Lieder und Schlager waren mir bekannt und ich sang ab und an auch mit. Die Lieder und die Musik erinnerten an meine Jugendjahre in Ungarn und rührten mich auch etwas wehmütig auf. Als Patricia zum Feierabend von ihrem Mittvierziger abgeholt wurde und das ein deutliches Signal für die Musiker und Gäste zum Abbruch war, brachen auch wir auf.

Wir schlenderten anschließend eng umschlungen durch die Allee der hochgewachsenen und in der Abendluft säuselnden Linden und Ahornbäume ins Hotel Europa, unser zeitweiliges Zuhause, das nur einen Katzensprung weit von Patricias Lokal ab lag, zurück und lauschten noch lange auf dem Balkon vor Bärbels Zimmer dem raspelnd hauchenden Gesang der Nachtigall in den Akazien und Buchen im Hotelpark vor unseren Fenstern. Uns war, als ob jenen Abend die Nachtigall besonders melodisch raspelte, gar hauchte und die übrige Gunarascher Vogelschar, der Meisen, Tauben, Amseln und Spechte in unterschiedlichen Intervallen und immer neuen Aufstellungen und Chören wie ein vielstimmiger Hintergrundchor einfiel. Und die Spatzen disharmonisch dazwischen pfiffen. Es war eine einmalig, wunderbare Sommerabendstimmung, lauschig, launig umschmeichelnd. Und wir träumten jeder seinen eignen Traum, auch von der Zukunft? Eine gemeinsame Zukunft vielleicht?

1)   Einfügung nachträglich beim Schreiben

Gunarascher Gedanken

Mit Bärbel waren wir schon ein gutes halbes Jahr zusammen, wie gute Freunde. Wir gingen gelegentlich gemeinsam zu Veranstaltungen, Konzerten, zum Griechen. Im Oktober des vergangenen, so schicksalhaften Jahres, 2017, fuhren wir nach Bad Griesbach ins Warmbad. Wir gingen zusammen ins Bad, durchforsteten die Region, alle Kneipen in und um Griesbach und lachten und alberten viel und fast immer, wenn wir zusammen waren. Weihnachten und das Neujahr verbrachte jeder von uns in seinem familiären Umfeld. Bereits im April fuhren wir wieder nach Griesbach, weil im März die Einladung für Pfingsten in Kaposszekcsö kam und am 16. Mai Petra ihren 60. Geburtstag feierte und ich nicht „wieder" fehlen durfte, wie in vorangegangenen Jahren, wie sie meinte. Und wir waren in der Tat oft im Frühjahr um die Zeit mit Feodora in Bad Griesbach zur Kur.

Auch nach Dombóvár / Gunarasch (Dumbwa/Gunaras) fuhren wir zusammen mit Bärbel im Mai dieses Jahres (2018). Und jeder hatte sein Zimmer. Die Zimmer lagen Wand an Wand, und wir haben uns keine Gedanken darüber, geschweige denn darüber hinausgehende gemacht. Jeder hat den Verlust seines lebenslangen, lieben Gefährten in sich und mit sich getragen. Wir waren miteinander befreundet. Die Gemeinsamkeit und die Nähe des anderen tat gut, beflügelte die Gedanken, die Unternehmungslust, weckte in jedem die Hoffnung auf neues Leben, auf die Zukunft. Waren da schon unbewußte Hoffnungen auf eine gemeinsame Zeit und gemeinsame Gestaltung und Bewältigung der Zukunft? Und noch mehr?

Auf unserer Fahrt nach Gunaras-Dombóvár machten wir in Rust, am Neusiedler See Station, im Gästehaus Haberhauer. Der Altwirt, Dieter Haberhauer, teilte uns wie selbstverständlich, jedem ein Zimmer zu. Jeder hatte sein Schlafgemach, keiner dachte es anders, alles war einvernehmlich. Wir unterhielten uns, lachten und scherzten viel, waren geradezu albern und freuten uns über unsere gemeinsamen Tage und Unternehmungen. Warum sollte das in Gunaras anders sein?

Doch es wurde und war anders. Das Wiedersehen in Kaposszekcsö, die Atmosphäre und freundliche Aufnahme bei den Freunden, die Begegnung vor und in der Kirche, und die Ehrung im Geburtsort durch die gesamte Gemeinde, das war Emotion und Empathie pur. Das weckte schöne Kindheitserinnerungen, aber auch an erlittene Ungemach. Es schüttete Glückshormone aus, aber auch Zweifel und Befangenheit. Es war geradezu ein Wechselbad der Gefühle. Und Bärbel war immer dicht an meiner Seite, verstärkte die Empathie, lenkte Negation ab und vermied so Sentimentalität, Niedergeschlagenheit, gar Frust und Trauer!?

Rumorte da doch im tiefsten Innern eine Frage, ob da mehr war, mehr sein durfte? Sollte da mehr sein als eine über alles gehende Freundschaft, ein Verstehen, ja, schon ein Ahnen der Gedanken des anderen? Es war schon ein Freuen auf den anderen, auf ein Miteinander, auf den nächsten Morgen und nächsten Tag. Erwuchs daraus ein Sehnen, ein Mehr, eine seelische und körperliche Gemeinsamkeit?.

Doch war denn das für uns erlaubt? War das nicht doch ein Tabubruch, nicht ethisch, esthetisch und für uns verboten? War das nach so kurzer Zeit nach dem Verlust unserer Geliebten nicht sträflich, unüberlegt, gar unerlaubt und peinlich? War das nicht Verrat an unseren Liebsten? Und war das in unserem Alter noch erlaubt, schicklich und würdig, gar Verrat an unseren Familien?

Waren wir beide mit unseren Gedanken und Bedenken behaftet, verhaftet und verfangen und überspielten und übergingen das Unausgesprochene nur mit Unbefangenheit, Fröhlichkeit in Leichtigkeit? Bis es uns dann am Dienstag nach Pfingsten, als ich ihr meinen Dank für ihren so wohltuenden, lieben Beistand in meinem

Heimatsgeburtsort, der Ehrung und Erhebung über Pfingsten aussprechen wollte, überwältigend ergriff und überkam.

Als am frühen Morgen die Sonnenstrahlen und das Wildtaubengurren in den Akazien des Hotelparks uns, engumschlungen, aus dem Schlaf holten, wir uns den Schlaf aus den Augen rieben und uns einen schönen guten Morgen wünschten, klang der Tauben Gurren mir wie ein gemischter Chor. Die Bassstimmen sangen:

„Wachet auf, wachet auf."
Und eine Frauen Altstimme fiel ein:
„..seid willkommen in eurem Leben"
Und ein Hintergrundchor in hoher Tonlage wiederholte immer wieder:
„...im Frühling im Mai, im Frühling im Mai"
Und nach zweifacher Wiederholung:
„... im Frühling in Gunarasch!"
Und mir kam ein, dass mir am Abend auf dem Balkon noch lange das bei Patricia von den drei Musikern vorgetragene Lied, das ich mitsang, im Kopf herumsummte :
„Általl mennék én a tiszán ladikon, ladikon, de ladikon. Ott lakik a, ott lakik a galambom, ott lakik a galambom..."
und weiter:
„által mennék én a tiszán, nem merek, de nem merek. Attol félek, hogy a tiszába esek..."

(Über die Theiß würde ich gern gehen, denn dort wohnt mein Täubchen..., über die Theiß ich trau mich nicht, habe Angst, dass ich in die Theiß falle) !

Und wovor hatte ich denn Angst?

Als wir zum Frühstück von unserem Hotel hinüber ins Restaurant von Peter Tigelmann, wie die anderen Tage auch, nun aber Arm in Arm gingen, meinte ich zu Bärbel:

„Johann Schuth schickte eine SMS, dass er für uns in Pécs im Lenau Haus ein Zimmer reservieren lassen habe. Sah er unsere Gunarascher Maiennacht voraus? Ist János Schuth, unser Budapester Freund aus Villány ein jós, ein látnok, ein Hellseher?"

Pécs / Fünfkirchen

Am Donnerstag brachen wir am zeitigen Nachmittag in Gunaras nach Pécs auf, wo wir für 17 Uhr im Lenau Haus in der Munkácsi Mihály Str. 8 erwartet wurden. Wir fuhren bis Sásd die Fernverkehrsstrasse 611 und trafen kurz dahinter auf die 66, die uns über Oroszló, Magyarszék und Mánfa über den Mecsek nach Pécs hinein führte. Wir wähnten uns fast an unserem Ziel, als wir den Rücken des Mecsek schon passiert hatten und nach Pécs hinab fuhren und kurz vor dem Einbiegen auf die Fernverkehrsstrasse 6, die von Budapest, an Pécs vorbei, nach Barcs führt, von einem schrecklichen Gewitter, einem Unwetter, wie wir es noch nicht erlebt hatten, überrascht wurden.

Wir glaubten uns nur wenige Strassen vor unserem Tagesziel entfernt, als uns das Gewitter wolkenbruchartig förmlich überschüttete, dass wir wenige Abbiegungen nach der Einbiegung auf die Fernverkehrsstrasse 6, die Räder bis zur Achse im Wasser drehten und wir schnell zu einer Seitenstrasse eindrehten. Als wir gleich wieder nach rechts einbogen und auf einem nahegelegenen Hausvorplatz Schutz suchten und den Regenguss abwarteten, ließ der Regen auch schon etwas nach und bei Konsultation der Stadtkarte, stellte ich fest, dass wir auf der Höhe der Munkácsi Straße waren und nur einige Meter oder zwei Kreuzungen vom Lenau Haus entfernt unseren Regenschutz und unser Regengussasyl gesucht hatten. Nachdem der Regen nachließ und wir dann weiterfahren konnten, schafften wir es doch noch pünktlich 17 Uhr vor Ort zu sein.

Am Lenau Haus warteten schon Johann Schuth mit Feri, unsere Gastgeber. Sie halfen uns die Koffer in den 2. Stock in unser Zimmer zu hieven und waren liebevoll um uns bemüht. Nach wenigen Minuten zum Frischmachen, in Ungarn waren es so an die dreißig Grad, trafen wir uns schon vor dem Lesesaal und ich sah, dass der Saal gut gefüllt war. Szécsei János, mein Schulfreund von Sektschi her, der in Pécs Tanár war und regelmäßiges Klubmitglied in Fünfkirchen ist, begrüßte uns und meinte, wir sollten wohl doch allmählich in den Saal kommen, der Vorsitzende und die Gäste und die Mitglieder des Deutschklubs erwarteten uns schon voller Spannung.

Der Saal war reichlich mit Zuhörern gefüllt. Der Vorsitzende des Lenau Vereins, Lorenz Kerner, begrüßte uns und bat uns in der ersten Reihe Platz zu nehmen. Kaum hatten wir Platz genommen, da setzte ein Gesang von dem Klubchor ein und ein Dutzend Damen, alle in weißen Blusen, begleitet mit dem Akkordeon von Tamás Greißkopf, boten mir zur Begrüßung drei Volkslieder als Ständchen. Es war einfach erhebend schön. Johann Schuth hatte schon mit dem Klubleiter vorn am Tisch Platz genommen, und nach wenigen Grußworten des Klubleiters, übernahm Hans Schuth die Moderation der Lesung. Er stellte mich mit wenigen Sätzen vor und überließ mir das Wort zur Lesung. Eine Stille und eine Spannung im Saal, dass ich meinen Tinitus rauschen hörte und einfach perplex war.

Im Anschluss an die Lesung eine kurze Diskussion. Fragen wie:

„Wann haben sie das geschrieben? Wie konnten sie sich nach den Jahren an die vielen Details erinnern, sie waren damals erst dreizehn Jahre alt? Spüren sie nach all den Jahren noch eine Verbitterung? Haben sie manchmal Heimweh?... wie gut können sie noch Ungarisch? ...“

Und andere kleine Fragen.

Im Anschluss an die Diskussion hatten die Klubmitglieder zu einem kleinen Imbiss in den Frühstücksraum geladen. Ein stimmungsvolles Geplauder setzte ein, mit weiteren Fragen zu meinem Buch, wo ich jetzt und wie ich lebe, wie oft ich Ungarn besuche und wie lange ich bleibe?, etc. pp.

Nach dem Ausklingen der Gespräche luden Johann Schuth und Feri zu einem kleinen Stadtgang in Pécs ein. Ute Lambrecht, die der Lesung beiwohnte und früher oft diese Lesungen auch organisierte, war eine langjährige Mitstreiterin von Johann in der NEUEN ZEITUNG in Budapest, die aber jetzt in Pécs am Deutschen Sender mitarbeitet, bot uns ihre Stadtkenntnisse und Führung an.

Sie hatte sich schon während des Imbisses mit Bärbel angeregt unterhalten und wir nahmen gern an.

Später erfuhren wir, dass sie und ihr Mann, Horst Lambrecht, langjährige Mitarbeiter des DDR-Kultur-Zentrums und des späteren DAADs in Budapest waren und Ute auch Gastlehrerin der Zentralstelle für das Auslandschulwesen in Budapest, in Pressburg / Posony (heute Bratislava, die Hauptstadt der Slowakei) und Fünfkirchen, und somit für uns eine kompetente Stadtführerin durch Fünfkirchen war.

Wir stiegen über die Perczel Strasse zur Királyi utca, die Königsstrasse hinauf, warfen einen kurzen Blick auf das Nationaltheater und schlenderten dem Szécsényi Platz zu. Direkt am Szécsényi Platz, an der Ecke zur Königs Strasse, nahmen wir vor dem Restaurant Platz. Wir hatten einen sehr schönen Blick auf den Platz, die Moschee, den Hunyadi, neben der Pestsäule, das Kommitatshaus und das Gymnasium linkerhand des Platzes und freuten uns über die Sauberkeit und adrette Gestaltung des Platzes, selbst in ihrem Auslauf bis in die Perczel und Munkácsi Strasse hinein. Ute erläuterte uns, dass die neue Gestaltung anläßlich der Auszeichnung Fünfkirchens als Kulturhauptstadt Europas 2010 erfolgte und seitdem der Platz und die Blumenrabatten einer besonderen Pflege unterlägen.

Der Abend in so stimmungsvoller Runde schien gemütlich auszuklingen und wir schlenderten gemeinsam gelassen in Richtung Lenau Haus, unsere Übernachtungsstätte, heimwärts, bogen gerade von der Szécsényi in die Munkácsi ein, als linkerhand aus einer Bar einige junge Männer, hemdsermlig und in kurzen Hosen, heraus traten und auf der rechten Straßenseite wie aufeinander warteten und dann auf unsere Unterhaltung laut reagierten mit:

„...geht heeme, macht heem, woher kommen... de gyorsan ám!" und nölten uns weiter in gebrochenem Deutsch und auf Ungarisch hinterher. Es überraschte mich, Bärbel erschrak sehr, schmiegte sich fest an mich und wir zogen alle leicht irritiert und stumm bis zum Lenau Haus, das nur noch wenige Schritte von dieser Szene entfernt war.

Ute Lambrecht, die knappe 6 km außerhalb von Pécs wohnt, wollte mit der Taxe heimfahren, traute sich aber nicht auf der Strasse in eine der zahlreichen Taxen zu steigen. Sie lief mit uns bis ins Lenau Haus zurück, und dort bestellte ihr Johann Schuth eine Taxe von einem vertrauten Unternehmen in den Hof des Lenau Hauses. Durch diese Straßenszene irritiert, haben wir uns von Ute gar nicht richtig verabschieden und ihr Dank sagen können für ihre nette Betreuung in Pécs.

Die Randalierszene am Eingang zur Munkácsi Strasse verdarb uns unseren, sonst so schönen Abendausklang mit Ute, Johann und Feri, und klingt mir noch bis heute nach. Wenn ich, wie jetzt beim Niederschreiben und Beschreiben meiner überaus schönen und so stimmungsvollen Pfingsterlebnisse und Eindrücke in meiner Geburtsheimat gedenke, auch an diese merkwürdige und denkwürdige Strassensituation in Pécs, denke, dann kommt mir diese erschreckende und nicht erwartbare Situation zurück, in Erinnerung, und schwimmt mir das dumpe Gesicht Viktor Orbáns über dem Szécsényi Platz vor Augen.

Szécsei János

Zur Lesung im Lenau Haus in Pécs war auch János Szécsei, mein Schulfreund aus Kaposszekcsö. Leider hatten wir wenig Gelegenheit ausgiebig miteinander zu sprechen, aber wir hatten uns ja in Sektschi zu Pfingsten gesehen, er war mit Margó, seiner Frau, zu den Veranstaltungen da und hatte am Samstag Abend, nach dem gemeinsamen Essen im Klubgebäude, Bärbel als erste zum Tanz geführt, zu dem Köhler Miskas Sohn, Milán, und seine Blaskapelle spielten. Szécsei Jani hatte gerade an dem Wochenende sein 50-jähriges Jubiläum am Gymnasium, an dem wir gern teilgenommen hätten, aber leider nicht konnten, weil in Villány schon alles geplant war. Zu seinem 80. Geburtstag hatte ich ihm eine Widmung in der NZ Budapest geschrieben, die ich hier ungekürzt herstelle und ihm damit nachträglich die Ehre erweise:

Damals schrieb ich:

Tu, Johann Sauerwein, bist in Udwo / Udvari, in aam teitsche Tarf in de Tolnau, am finfte Nowemwer finfundreißich gebore warn. Tai Vatter war te Johann Sauerwein aus Wasser / Kisvaszar, bei Tékes. Un war Lehrer in Kosart un Udwo, Tai Motter, de Karolin Müller aus Neudak / Nagyág. Als Tai Vatter 1936 nooch Sektschi / Kaposszekcsö als Kantor berufe is warn, kam er schu als Szécsei János. Tu host too es eschtmol Sektschier Luft kschnuppert un konnst schu laafe., wu Tai Briderche Zoli, den mer norr Öcsi khaase hun, 1937 gebore warn is. Tu bist awwer net mit m'r in de Schul kange, Tu waascht in de ungrische Schul. Tu host glei solle ungrisch lenne. Awwer mit uns musste in de Kerch geje.

Un waast Te noch Jani, wie mer in de Kerch de Bank zwische de erscht un de zwaat Rei hin un her kschowe hun? Tu in de escht Klass un ich in de zwaat. Tai Vatter hot staat Pfarrer Straner, der krank war, fum Altär gepredicht, Kovács Jozsi bácsi hot georgelt un mer hun mit de zwatt Klass de Bank zwische uns, die geknarrt hot, langsam vor kschowe und Ehr mit aam Ruck zurick. Un de Bank hot aan richtiche Ritschai gmacht, so geknarrt hot se, wall se locker war. Un meer in de zwatt Klass sain noot in de Schul alle siwene mit unsen tinne Hoseche iwwer te escht Bank geleet wan un vom Kovács Lehrer mit aam Pfingstnagelstock, den de Wolf Henni, der artig zu Taim Vatter nuffkschaut hot, schneide musste geje, gans schee turchkhaage warn. Ehr in de escht Klass hatt nix kriet, awwer ehr hatt te Musik kemacht,, net meer. Heit waas ich, Tu host tes musikalisch inszeniert, Tu un te Moser Hans.. Ehr wart ti musikalischen. Alle zwaa seid ehr Musiker warn. Tu in Finfkerche und te Moser Hans in Halle an de Saale.

Te finft un te sechst Klass host in Dumwa / Dombovár kemacht, awwer tie siwet un acht Klass, fun 49 bis 50 in Sektschi in de Általános bei Szilágyi, awwer to waarn mer schun nimmi in Sekschi. Tai Vatter is 1950 noch Finfkerche vesetzt wann un Tu bist im Pannonius Gymnasium uffgenumme warn. Als Tu de „É-retségi" hattst, warscht Te bei de Eiseboo als Verkehrslehrling un bist tatt aa ookstellt wann. Doch schun 55 bist Te an de Pädagogische Hochschule in Finfkerche kange, Biologie un Kerwererziehung studeen un host 1958 Tai Staatsprifunk abgeleet. Vun 1956 bis 1958 waascht Saldaat und 1958 host an der Allgemeinen Táncsics Mihály in Gartenstadt (Kertváros) als Fachlehrer feer Biologie un Sport gelehrt.

Un 1956 host es eschtmol kheiet. Aus der Eh` sain zwaa Khin geborn, Peter (1964, Unternehmer) un Monika (1966, Lehrerin). Dann host 1965 de Pester Fachschule feer Kerwererziehung abkschlosse un tes Diplom feer de Mittelschul erwarwe. Wainachte host Te te escht Gitarr kaaft un so hot Tai Lieb zur Musik richtich okfange. un hot Tich bis heit net losklasse. In tere ganze Zaat waascht immer sportlich unnerwegs, host Karbball, Handball kspielt un waascht Atleet un host kroose Preis kholt. 1970 bist kschiede warn un host 1976 die Buchbinderin Margit Müller kheiet. 1977 is János (Ing.), 1987 Dávid (Praktikant) un 1989 Máté (Student) geborn warn. Margó hatt János graad geborn khat un im Arm khalle, too hun meer uns es eschtmol wieder kseje in Finfkerche, wu ich uff aaner Konferenz war. Du bist 1976 als Dozent feer Kerwererziehung an de Zipernovsky Fachmittelschule gewechselt, wu Tu tes Schachspiel komojan okfange host un Amateur warn bist. Ganz hoche Preise, sogar aan eschte Platz bei de Männer iwwer 70 host errunge.

Zwischetarch awwer hot des Gitarrespiel aan immer braadere Platz aiknumme, host a Kapell gegründ khat, hät uff Schwowebälle in Pest im Interkontinental, in Graz, in Bonn un Sekschi uffkspielt. Toch Tai kröst Gitarrspiel war in Harkány, wu Te jeets Johr fun Mai bis Oktower, iwer dreisig Johr de Gäst un viele Teitsche dabei, zum Tanz host kspielt. Too hatte meer uns 98 wieder kseje, Tai Familije psucht un seither hun meer uns net widder aus te AAge veloon. Tes waar taa, wuust krad in Rende kange bist. Aktiv bist awwer immer noch, aa wenn de Gitarr nor zu Tainer Fraad erklinge tut, Tu tich mit Schach bschäftigst, mit Freinde triffst, mit den Fellbachern tes 25.Mal, un so mit un feer Tai Margó jung pleibst.

Alles Guude noch Jani, mai Freind, feer de Zukunft! AA wenn ich net mit Teer in Finfkerche oostose kann, so wänn ich doch an tem Taach a Kläsje uff Tai Wohl hewe: Zum Wohl Alder! Un Pbb schee xund!

Henrich

PS: Johann, Tu wäscht staune, wuher ich so viel iwwer Tai Leit waas. Awwer meer schreiwe kraat tes Sekschi Buch un hun alle Sekschier uff em Scherm un ich hun grad te Sekschier Dealekt kschriwwe, so schreiwe ich Teer halt aa im Dealekt.

Villány / Willand

Unser Aufenthalt in Pécs war sehr eng, sehr sehr kurz bemessen und wir fuhren schon am nächsten Morgen, Freitag, nach Villány[1] / Willand. Johann Schuth, mit Feri, fuhren immer vorneweg, um uns den Weg, und besonders seine Abbiegungen, zu weisen. Und sie setzten uns im Hotel Oporto, an der Ausfallstrasse nach Siklós und Harkány, ab. Quasi kurz vor der Grenze zu Kroatien, das die Ungarn Rácország nennen.

Villány / Willand liegt am Ostrand des Villány / Willand Gebirges, das sich über 30 km in West-Ost-Ausdehnung nördlich der Linie Harkány-Siklós (Schiklosch) - Villány hinzieht, in einer Breite von 3-5 Kilometern sich erstreckt. Sein höchster Punkt ist Szársomlyó mit 442 Metern über dem Meeresspiegel am nördlichen Ortrand über Siklós. Beliebt sind hier auch die Warmwasserbäder in Harkány, am westlichen Rand des Villány Gebirges, die von etwa 60 Grad warmen Kohlendioxid und Schwefel haltigen Quellen gespeist werden.

Sowohl in östlicher, wie in südlicher Richtung liegt Willand nur knappe 10 km von der Grenze zu Kroatien weg. Auch Harkány liegt damit nahe der kroatischen Grenze, so dass in seinen Warmbädern ein Stimmengewirr von ungarischen, deutschen, kroatischen, tschechischen, polnischen, russischen und anderen slawischen Lauten durch die aufsteigenden nebligen Dämpfe dringt und schwimmt, dem Ohr und den Sinnen wie ein wohltuendes klangvolles Palaver ankommt.

Johann und Feri hatten uns im Hotel Oporto, an der Ausfallstraße von Willand nach Schiklosch, gerade unsere Zimmer gezeigt und kamen auch schon nach kurzer Zeit wieder und haben uns dann gleich zum Kaffee ins Elternhaus von Johann entführt. Sie überschlugen sich geradezu in ihrer Gastfreundschaft, boten Kaffe, Kuchen und Eis auf und Johann übermalte das Ganze noch mit seiner Ahnengeschichte, der Familiengeschichte der Schuths in Villány.

Die begüterte Familie seines Urgroßvaters Philipp Wilhelm Schuth, geboren 1844 in Rauenthal im Rheingau, bei Eltville Hattenheim. Er wanderte 1866 nach Ungarn, Willand, aus und verstarb da 1928. Philipp Wilhelm Schuth kam auf Empfehlung des Grafen von Ingelheim nach Südungarn, um dort in der erzherzoglichen Kellerei der Habsburger „Weine nach rheinischem Geschmack" herzustellen, wie neulich erst sein Urenkel, Johann Schuth, in der von ihm herausgegebenen NEUEN ZEITUNG, der Zeitschrift der Ungarndeutschen, in Budapest geschrieben hat [2]

Wilhelm Schuth heiratete in Willand die begüterte Maria Weldt, ebenfalls aus Willand, die fünftausend Kronen Mitgift in die Ehe einbrachte. Ihr Großvater war Johann Friedrich Weldt, Schustermeister in Dresden. Ihr Vater, Freidrich Adolf Moritz Weldt, geb. 1816, wanderte nach Willand aus und wurde Kellermeister in der Kellerei von Erzherzog Albrecht. Er starb 1888 und hatte sechs Kinder.

Wilhelm Schuth wurde bald Kellermeister in Willand, pachtete alsbald die Kellerei zusammen mit seinem Bruder Vinzenz, wurden bald selbständig, errangen Anerkennung und Ehrungen. Und Wilhelm Schuth wurde zum „Kaiserlichen und Königlichen Hoflieferanten" und damit sehr wohlhabend. Die Familie besaß schon Anfang des 20. Jahrhunderts große Weinberge, zwei Häuser, mehrere Werkstätten, Ställe und etliche große Kellereien. Das Schuth Unternehmen war zu einem ansehnlich großen Schuth-Imperium in Willand geworden. Doch leider verspekulierte sich dann sein Großvater, Wilhelm (Vilmos) Schuth, während des ersten Weltkrieges. Er legte sein gesamtes Geld in Kriegsaktien an und diese gingen mit dem Krieg unter und verloren. Was ihnen danach verblieb, waren Haus und Hof und die Weingärten und Weinkeller.

Der Sohn von Wilhelm Schuth, Heinrich Schuth (1876-1949) - unseres Johann Schuths Großvater, studierte an der Wirtschaftsakademie in Ungarisch-Altenbug, dem heutigen Mosonmagyaróvár, und an der Weinfachschule in Klosterneuburg und er führte das Weingut weiter, was nach dem I.Weltkrieg immer schwerer wurde. Er ehelichte Margit Michels aus Palánka / Sombor in der

Vojvodina. Die Michels stammten aus Mühlhausen im Elsaß, das heute zu Frankreich gehört. Heinrich und Margit Schuth hatten vier Söhne und der zweitälteste, Heinrich Schuth, geb 1908, also Johanns Vater, heiratete die in Kaschau (Kassa, Kosice, jetzt Slowakei) 1916 geborene Erzsébet Nyulászi. Sie besuchte die ungarische Schule, studierte Slowakisch, was sie auch kurz unterrichtete. Heinrich Schuth und Elisabeth Nyulászi heirateten 1939 in der Budapester Stephanskirche

Heinrich Schuth, Johanns Vater, studierte Medizin, Kinderarzt und Zahnarzt, und war als Hausarzt in Willand auch der Zahnarzt und der Kreisarzt. Seine Frau, Elisabeth, half und assistierte ihm. Die Weinwirtschaft ruhte bis in die siebziger Jahre. Der Arzt, Dr. Heinrich Schuth, war auch Leiter des Tennisklubs in Willand und hatte in einem der Keller einen Tennisplatz eingerichtet, um auch im Winter die Kinder aus dem Dorf zu trainieren. Es war eine seiner großen Leidenschaften.

Johanns Vater, Dr. Heinrich Schuth, starb 2001.

Nach dem II.Weltkrieg und der folgenden Enteignung der Deutschen 1946 blieb ihnen dann aber nur noch das Wohnhaus. Die 8 Geschwister, der älteste Sohn verstarb 1944 auf der Flucht, gingen nach und nach aus dem Haus. Der Vater (1908-2001) obwohl er Arzt war, verstarb frühzeitig, die Mutter (1908-2017) führte das Haus weiter. Sie verstarb im hohen Alter von 101 Jahren. Ihren 101. Geburtstag erlebte sie nicht mehr. Die noch lebenden 7 Geschwister treffen sich gelegentlich noch zu Weihnachten im elterlichen Haus in Willand:

- 1. László, der älteste Sohn (1940-1944) starb auf der Flucht vor der heranrückenden Front in Österreich.
- 2. Elisabeth, *1941, verheiratet mit Béla Szabó, Bordingenieur bei der MlÁLÈV, war im Fremdenverkehr tätig.
- 3. Margit, *1943, Apothekerin, war mit einem Violinisten verheiratet, sie lebten in Innsbruck und Stuttgart. Nach der Scheidung lebt Margit jetzt mit Sohn in Siklós.

- 4. Johann, *1947, Journalist, Herausgeber NEUE ZEITUNG Ungarndeutsches Wochenblatt, Budapest
- 5. Franz, *1948, Agraringenieur, lebt noch im Haus in Villány
- 6. Julius, Dr., *1950, Pharmazeut, Vertreter, 2.Ehe, Tochter u. Sohn, leben in Bayern
- 7. Zsuzsanna, *1951, lebt in Pécs, verheiratet, eine Tochter
- 8. Gábor, Dr.med.,*1953, Hausarzt in Mohács, verheiratet, ein Sohn.

Von den sieben noch lebenden Geschwistern verblieb allein Franz im Haus, der als Agraringenieur tätig war und nun als Rentner das Haus verwaltet und gerade seinen 70. Geburtstag feierte[3].

Nach kurzer Rundfahrt durch Villány fuhren wir nach Jakabsdorf (Jakfall) / Kisjakabfalva hinaus, einem kleinen, malerischen Dorf, das einst nur von deutschen Bauern, Handwerkern und Häuslern bewohnt war, die flohen oder vertrieben worden sind. Und in dem vor Jahren Dr. László Somogyi, ein pensionierter Urologe aus Pécs und nun Vizebürgermeister des Dorfes, ein ehemaliges, typisches Hessenhaus mit Hof und Stallung erworben und umgestaltet hat zu einem Heimatmuseum.

Darin zeigt der kommunikationsfreudige und sympathische Dr. Somogyi die Gewohnheiten, Einrichtungen, Trachten, die ganze Lebensweise und die Kultur der ehemaligen deutschen Bewohner des Dorfes Jakfall und der Region. Eine mit viel Liebe und Sachkenntnis ausgestattete, zusammengetragene und aufgebaute Ausstellung und historisches Museum. Auch das Dorf selbst machte auf uns einen ähnlich gepflegten und gut erhaltenen Eindruck. Die Einwohner achten Somogyi sehr.

Am Abend zogen wir in einen der ehemaligen Weinkeller der Schuths ein, der gastronomisch überirdisch und unterirdisch bewirtschaftet wird. Der Keller, der einst mehrere Hundert Fass mit Wein behütete und kühl lagerte, ist mit ebenso vielen Tischen beidseitig des Kellers ausgestattet, die Tischtücher glänzen bis weit in die Tiefe des langgezogenen, unendlichen Kellers. Es

herrscht eine einzigartige Atmosphäre, eine einmalige und unvergessliche Stimmung in den Kellern. Und drei solcher Keller be-
herbergten das einstige Weinvermögen der Schuths. Staunen und
nachträgliche Hochachtung.

Beim Besteigen des Aussichtturmes auf der Anhöhe oberhalb
von Willand nach Siklós hin, am nächsten Tag, hatten wir einen
guten und weiten Blick bis nach Kroatien hinüber. Diesseits der
Drau lagen uns die unendlichen Weinfelder Willands zu Füßen.
Erst da konnten wir ermessen, was der ehemalige Reichtum des
Dorfes, die ehemalige Besitzgröße und Leistung der Schuths war.
Und dass jeder Villányer Cabernet und Pinot Noire, den wir so
gern und genussvoll trinken, und die heute so begehrten Schutz-
marken: "Villányi Classicus" und „Villányi Premium" auch mit
dem Schweiß der Vorfahren von unserem Freund Johann Schuth
getränkt und kultiviert worden sind.

Die Weinfelder liegen aber auch dem Steinbruch zu Füßen, der
den Villányer Berg von Harkány und Siklós her, steil nach Villány
hinab abbricht. In diesem Granitsteinbruch, zu dem von der Strasse, von Harkány nach Villány, ein schmaler Fahrweg hinaufführt,
dürfen sich die Steinmetze und Bildhauer handwerklich und
künstlerisch betätigen und beweisen. Wovon auch viele größere
und kleinere bearbeiteten Steine, Figuren, Gestalten und halbferti-
gen Kunstwerke, oder solche, die es werden wollten oder sollten,
und andere Halbfabrikate, leicht behauene Steine, künden, uns
teils aber auch nur ahnen lassen.

Zum Ausklang unseres Tages und Abends in Willand lud uns Johann in eine der zahlreichen, mit Worten schwer beschreibbaren,
stimmungsvollen Restaurants, Weinhöfe und Vorkeller an der
Kellerstrasse ein. Und wir wählten und saßen in einem der größeren Weinhöfe mit rundum Ausblick in die stimmungsvolle abend-
liche Landschaft Willands. Dabei genossen wir einen wohltemperierten Villányi Cabernet zu einem deftigen, gschmackigen Zigeuner Braten.[3] So erfassten wir dann zwar, was für ein großarti-
ger Gastgeber Johann Schuth ist, aber auch nicht einmal andeu-

tungsweise, was für einer hoch-ahnigen Abstammung unser Gast-geber und Freund, Johann Schuth, entspringt. Und erst recht nicht, dass der Schuthsche Villányer uns im direkten und im herkömmli-chen Sinne so herrlich berauschte und schwebend durch die Weinstrasse Villánys heimwärts, d.h. in unser Hotel Oporto, nun am Eingang zu Villány, trug.

Ein fantastisch schöner Tag, wunderbare Begegnungen, wunder-bare, faszinierende Menschen und berauschende Weine. Wein, Wein, soweit und wohin das Auge nur blicken konnte.

1) *Tag der Niederschrift: 10.Okt. 2018*
2) *Johann Schuth, Neue Zeitung, Ungarndeutsches Wochenblatt 59, 2, Budapest 2015*
3) *Franz Schuth, Agraringenieur, 70. Geburtstag am 29.9.2018*
4) *In Villány sagt man noch Zigeuner und gibt es, sagt man, noch reichlich Zigeuner und eben einen köstlichen Zigeunerbraten.*

Kismányok / Klamanok

Tags darauf, es war Sonntag der 27. Mai, fuhren wir zu Erzsi Szigeti, geborene Schleier, meinem ahnverwandten Rechtgeschwisterkind (Cousine) in Kismányok / Klamanok. Der Weg von Willand retour führte uns über Pogány bis Pécs auf die Fernverkehrsstrasse 6, über Hidas und Bonyhád. Ein kurzer Schwenk von der Fernverkehrsstrasse nach Hidas hinein sollte uns nur einen groben Blick auf und in das Dorf, wo mein Hidascher Patenonkel, Heinrich Gebhardt, und meine Kismányoker Ahnen herstammen, geben, von denen meine Großmutter (väterlicherseits), meine Klamanoker Großmutter, die geborene Margarethe Gebhardt, herkommt und damit ich partiell abstamme.

Obwohl wir nur wenig Zeit für Kismányok, unser Klamanok, eingeplant hatten, hat uns Erzsi wie hochrangige Gäste empfangen und uns einen Hühnerpaprikasch aller feinster Güte vorgesetzt. Dazu hatte uns Enkeltöchterchen, Tamara Ines, die in Budapest studiert, aber unseretwegen zur Oma kam, leckeren Strudel gebacken. So köstlich wie das Mahl war auch das unvergessliche, leider sehr kurze Beisammensein mit Erzsi und ihrer liebreizenden Enkelin Tamara.

Nach dem Mittagessen blieb uns nur ein kurzer Blick in den Garten oberhalb des Hauses. Wo einst die Weinstöcke von Jakab, Erzsis Vater, in Reih und Glied standen und prangten, stehen nur noch ein alter, trauriger Nussbaum und ein Pflaumenbaum. Der Garten ist unbearbeitet, ärmlich und traurig zugleich, wie die angrenzende, gähnende Nachbarscheune.

Die Scheune ist eingefallen und ihr halbes, und halb zerfallenes Dach liegt in Erzsis Garten und ein großes Loch starrt in den Garten hinein und auf ihren mit Blumen und Paprika überwucherten Hof herab. Ein etwas ärmliches Bild die Hohstell. Meinem lieben Freund Jakob Schleier, ihres Vaters, nicht würdiger, bescheidener, ja trauriger Anblick.

Erzsi ist eine zierliche Frau und schafft das alles nicht mehr, aber sie hat zwei gesunde Söhne, Roland und Szabolcs, dazu noch einen erwachsenen Enkelsohn, Kristof Patrik, die sich gern zu Feiertagen einstellen und Mutters Suppe und Braten gut finden und sich schmecken lassen. Sehen sie den Hohstellgarten nicht und finden sie ihn gut?. Ihr Großvater und Urgroßvater, Jakob Schleier, fände seinen Hohstellgarten arg vernachlässigt. Doch verständlich, dass die Jungs, wenn sie schon mal kommen, sich nicht immer ihrer Mutter Erbes und Nachlassenschaft wegen, ihr „Übrigbleibsel", wie sie es nennen, rumärgern und darin rumhacken wollen. Doch es wird schon bald mal ihr Erbe. Und Ahnenfleiß sah anders aus.

Und Bärbel schwärmt heute noch viel und oft von dieser Begegnung mit Erzsi und ihrer so feinfühligen Art bei ihrem ersten Zusammentreffen mit ihr nach Feodoras Tod. Denn Bärbel wusste, dass Fee als eine unvergessene Freundin in den Herzen der Kismányoker, auch im Herzen von Erzsi, bewahrt wird. Doch ähnlich bedrückt sie die Situation des Hofes und des oberen Gartenstückes, das Erzsi als zartes Weiblein nach dem Tod ihres Mannes vor wenigen Jahren, Misi/Mihály, allein nicht schafft. Die Söhne schaffen auswärts, Roland in Wien und Spanien, Sabolcs in Szekszárd, und die Enkel studieren beide in Budapest. Und doch: Venceremos, de azért is! Trotz alledem!

Am Nachmittag fuhren wir nach Gunaras / Dombóvár, in unsere Absteige im Tiglmann-Hotel, das Hotel Europa, zurück. Und am Abend ließen wir den Tag im Gartenrestaurant von Patricia bei einem Glas Rotwein ausklingen. Wir befreiten uns so etwas von unseren negativen Tageseindrücken durch meine Geburtsheimat, diesmal besonders von Kismányok / Klamanok. Einem Ort, einem Haus, wo wir in jungen Jahren oft und gern weilten, uns wohl fühlten, willkommen waren. Wo wir ungarndeutsche Herzlichkeit, Gastfreundschaft, Adrettheit, Rechtschaffenheit, Gediegenheit und wohlgestalte Ordnung und Sauberkeit und die Wiedersehenfreude genossen und jedes Mal, wenn wir Abschied nahmen, viele Abschiedstränen flossen.

Doch es geht so, wie ein Märchen, zu Ende: „Es war einmal ein schönes Dorf", zwischen Donau-Drau und Plattensee, darinnen lebten einst Deutsche. Die Häuser waren akkurat gereiht, weithin strahlend. Die Straßen waren sauber, die Straßengräben waren unkrautfrei und die Höfe adrett, einer schöner als der andere. Die Menschen respektierten und halfen einander und grüßten sich freundlich über die Strasse und wünschten sich einen guten Tag und riefen sich Scherzworte zu:

„Gell, Hannes, wenn Tai Kuh ‚Böschke' haint noch kalbt, da sagst Pscheid, da komm i un sai tai Ziehkasper. S egal, obs a Kuhkalb wet. Te Wai kannst schu frisch stelle.!."

Ja, es war einmal!

Kismányok wurde um 1720 von Deutschen aus Bayern, Schwaben und Hessen besiedelt und hatte bereits 1722 seine erste ev. luth. Kirche erbaut.

Kismányok liegt im Dreieck Donau-Drau und Plattensee in einer Art Bergmulde, die im Auslauf des Mecsekgebirges nach Süd-Ost, von der Strasse von Bonyhád nach Dombóvár, kurz vor Nagymányok (Großmanok) links ab liegt, und von der Strasse her nicht sichtbar ist. Eine bescheidene schmale Strasse (ein knapper Kilometer) führt um den vorgelagerten Bergzug herum in das Sackdorf. Von dem inneren Straßenzug steigen rechts und links und am Ende des Dorfes die Hänge an. Nur Fuß- und Fahrwege führen auf die Kuppen hinauf. Die Hänge um das Dorf waren einst rundum, bis zum Dorf herunter und deren Hohstellen, berebt.

Nach dem 1913 herausgebrachten Buch: A MAGYAR SZENT KORONA ORSZÀGAINAK HELYSÈGNÈVTÀRA (Das Ortsverzeichnis der Ungarischen Heiligen Krone, mit über 1700 Seiten), ist Kismányok / Klamanok (Klein Meineck, 1293 als Manky, 1347 als Manyk, 1432 als Mányok bezeichnet) und hatte 1913 mit 111 Häusern, 601 Einwohner, es waren alles Deutsche. Die Zahl der Häuser hatte sich bis zum Ende des II:WK auf 120 erhöht, die Zahl der Einwohner lag bei etwa 620.

Kismányok lebte vom Kohlebergbau und etwas Landwirtschaft und dem Weinanbau. Die Steinkohlenförderung in den Gruben in Nagymányok lag gleich hinterm Berg. Als diese Grube unrentabel wurde und in den sechziger Jahren geschlossen wurde, gingen die Männer nach Komló. Jeden Morgen gegen fünf Uhr in der Früh fuhr der Grubenbus am Dorfplatz, am Denkmal der Gefallenen der zwei Weltkriege, mit den Steigern ab und brachte sie am Nachmittag, gegen 13Uhr zurück und sammelte die Männer für die zweite Schicht ein, die er am Abend gegen halb zehn (21.30) wieder heim brachte und die Nachtschicht mitnahm. Die Grubenarbeiter verdienten gut, waren mit ihrem Los zufrieden, die Menschen hatten ihr Auskommen, das Dorf blühte auf. Die Häuser strahlten, alle weiß gestrichen, wie Lichtflecke, auf die Strasse heraus, bzw. die aus der zweiten, höhergesetzten Reihe, herab. Klamanok war ein schönes Dorf.

Nach dem Zweiten Weltkrieg dezimierte sich die Zahl der Deutschen Einwohner des Dorfes, wie in den meisten der mit Deutschen besiedelten Orten, rasant. Über 140 Familien wurden 1948 enteignet, viele flüchteten vor der Front nach Österreich und in die Westzonen Deutschlands, 50 Familien kamen nach Pirna, in die damalige Ostzone. An die 50 deutsche Familien zogen nach Nagymányok weg, so dass noch 50 deutsche Familien im Dorf verblieben. Und heute leben noch etwa Zweidutzend Deutsche im Dorf.

Kismányok wurde von den Székler Ungarn, die damals Csángó genannt wurden, besiedelt. Letztere Bezeichnung finden diese Menschen diskriminierend. Sie sind nach dem II.WK aus Rumänien als Ungarn vertrieben worden. Sie wurden im ehemaligen Österreich Ungarn, nach der Vertreibung der Türken, angesiedelt und in Richtung Bukowina verdrängt.

Abschied von Freunden

Am Montag, es war nun schon der elfte Tag in Ungarn in und um Sektschi, wir fuhren hin, um uns im Dorf zu verabschieden. Wir drehten eine Runde durchs Dorf und kehrten dann bei Hollenbachs zum kurzen Verweilen mit Hof- und Hohstellbesuch ein. Hollenbachs bewohnen das Haus von ehemals Szabó János, neben dem Haus, das ehemals Léces János, der Dorfnotar bewohnte, dorfeinwärts, und Schultheiß Lemle Adams, den Schultheiß Lemel Hanats, Dorf auswärts.

Lemle Jakob (*1914), der mit meiner Mutter in die Schule ging, heiratete in den dreißiger Jahren Elisabeth Schultheiß und zog in das Haus mit ein. Da es im Dorf mehrere Bauern namens Lemle gab, unterschied man sie durch die Doppelnamen. Mit den Lemles Buben, Jakob und Adam, die nur ein, zwei Jahre jünger waren als mein Bruder Hans, haben wir oft auch diesen Hof und seinen Hohstellgarten durchstreift.

Die Hollenbachs sind vor Jahren aus Meknitsch nach Sektschi gekommen, Johann Hollenbach war dort in Meknitsch Schulkamerad von Jakob Justus. Und Jakob und Bärbel Justus besuchten die Hollenbachs in Sektschi bei jedem ihrer Ungarnaufenthalte nach der Wende.

Hollenbach Katl hatte natürlich bei unserem Abschiedsbesuch ein Mittagessen bereitet gehabt und wir mussten zum Essen bleiben. Die beiden Hollenbachs haben den Hof und den Hinterhof, die lange Hohstell bis zu den Wiesen hinab, mit Obst und Gemüse bebaut, sie erzeugen ihren Kartoffel- und Gemüsebedarf selbst, auch heute noch. Wir haben den Anbau in aller Ausführlichkeit von Johann erklärt und vorgestellt bekommen. Johann Hollenbach ist der reinste Hobbygärtner und seine Frau, Katharina, die reinste Gourmeköchin.

Der Abschied bei unseren langjährigen Freunden, Lotti und Konrad Lötz, verlief dann auch wieder erst nach dem gemeinsamen Kaffeetrinken. Doch sie hatten beide Einsicht, dass wir an dem Tag noch bis Egyházaskozár und Bikal mussten. In Egyházaskozár packten wir bei Familie Leipold unseren bestellten Honig ein. Und in Bikal, bei den Hild-Lofinks, hatten wir ja Paprikawurst und Schinken bestellt und holten sie an diesem Tag ab. Natürlich ging es auch bei Ihnen nicht ohne ein wenig Plaudern und Erinnerungsaustausch ab. Bei der Fahrt zurück nach Gunaras fuhren wir dann noch an der Druckerei SZECSOK in Dombóvár, direkt gegenüber vom TESKA, vorbei und ich bestellte nochmals sieben Kaposszekcsö Bücher. Drei wollte Rolf, vier waren bei mir noch nicht beliefert.

An diesem letzten Abend waren wir dann bei Johann und Katharina Pfeiffer, der Deutschlehrerin und Deutschklubleiterin und Hauptarrangeurin des Pfingsttreffens, die in der ehemaligen Hinnergass von Sektschi wohnt, für 19 Uhr zum Abendessen eingeladen. Dabei habe ich ein nochmaliges Dankeschön an Katharina Pfeiffer und Marta Dudas, die Zusammen mit Rolf Domke auch zum Essen geladen waren, ausgesprochen. Ihr Engagement und ihr Wirken im Dorf für die deutsche Identität und ihre Erhaltung ist anerkennens- und lobenswert.

Ihre überaus freundliche Bewirtung an dem Abend war außerordentlich nett und unterhaltsam. Eine gelungene Abschiednahme von unserem Pfingstbesuch in Kaposszekcsö / Sektschi und den zwei aktivsten Arrangeuren der Pfingsttage zur 70-jährigen Wiederkehr der Vertreibung der Deutschen aus Kaposszekcsö und der feierlichen und angemessenen Erinnerung an jene so schwerwiegende Zeit, die meine Zukunft so dramatisch veränderte und doch so glücklich und erfolgreich verlief. Das Drama und der Heimatverlust meiner Eltern und Großeltern waren die Basis, der tragische Vorlauf meines erfolgreichen wissenschaftlichen und glücklichen familiären und persönlichen Lebens in meiner neuen Heimat, der Heimat und Herkunft meiner Ahnen..

Lötzes

Mit Konrad Lötz und Charlotte, geborene Müller, die nur Lotti gerufen wird, verbindet mich eine jahrelange Freundschaft. Mit Lotti gar eine weitläufige Verwandtschaft. Ihre Großmutter war eine geborene Oppermann, eine Tochter meines Urgroßvaters, Heinrichs Bruder, Johanns Tochter. Unsere erste Wiederbegegnung, mit den zwei in Ungarn, fand 1960 im alten Weitzl-Gasthaus statt. Die Weitzls waren aber da schon in Dombóvár, wie die Deutschen alle, enteignet.

Wir waren mit dem Fahrrad in Ungarn, schickten die Räder bis Dombóvár und fuhren dann über Sektschi nach Klamanok und Pécs. Auf unserer Hintour stiegen wir bei meiner Becktante, die da schon Hartmann hieß, in der Kellerholgasse ab. Die drei Beck-Frauen waren schon allein. Die Lenewesje (Magdalena, Lene, d. ä., *1898, +1972), Onkel Beck Johanns Frau. Ihre Tochter, die Katharina (Katelgoht, *1921, meine Patentante) und ihre Schwester Magdalena, Lene, (*1931, unverheiratet). Beck Hans Onkel (1898-1955, Cousin meines Vaters) war damals schon gestorben. Und der Mann von meiner Tante Katharina, Heinrich Hartmann (*1911 Csikostöttös, +1944), der kurzzeitig mein Patenonkel war, war an der Westfront gefallen.

Auf unserer Rücktour von Klamanok nach Dombóvár trafen wir uns dann mit Konrad und Lotti. Wir sind mit Konrad Lötz ein Jahrgang, kamen aber nicht im gleichen Jahr zur Schule. Konrad wurde ein Jahr eher eingeschult, weil in den Anfangsmonaten geboren. Dennoch sind wir gute Freunde.

Die folgenden Jahre, wenn wir in Ungarn weilten, besuchten wir jedes Mal Konrad und Lotti. Die Familie seines Vaters, Heinrich Lötz, wurde auch in der zweiten Enteignungswelle im Frühjahr 1947 enteignet. Zur Einwaggonierung 1948 konnten sie aber in Kaposszekcsö verbleiben. Den Umstand verdankten sie Heinrichs jüngerem Bruder, Konrads Onkel, János Léces, der der Notar des Dorfes war (Johann Letz, *1899, ließ sich in den dreißiger Jahren Magyarisieren auf János Léces).

Konrad Lötz lernte Kunstschlosser, arbeitete bei der Bahn, heiratete 1958 Charlotte Müller (*1940), die das Gymnasium in Dombóvár besuchte und Oberbuchhalterin war. Sie kauften das Lagerhaus der ehemaligen Mühle von der Mühlenbesitzerin Ladáncsics und bauten es auf und aus und zogen 1965 in das Haus ein. 1960 wurde ihr Sohn Gábor und 1967 ihre Tochter, Eva Patricia, geboren.

Nach der politischen Wende bekam Konrad alle seine 1947 enteigneten Felder und die Weingärten von der Genossenschaft zurück. Sie holten sich landwirtschaftliche Maschinen und Traktoren und Wagen aus München bei ihren Lemle-Verwandten, die 1944 vor der Front geflohen waren, und versuchten die Felder zu bewirtschaften.

Als wir beim Pfingsttreffen 1996 waren, noch zusammen mit unserem Sohn Uwe und seiner Frau Bärbel, s. die Geschichte „Pfingsttreffen" in „Die Enkel der Donauschwaben"[1], fuhren uns Konrad und Lotti voller Stolz mit ihrem erworbenen Traktor durch die Sarád (die Schrademühl) in den Nyáros (Jarosch) und wir hatten ein schönes gemeinsames Picknick und einen guten Weißen aus dem Weingarten dazu. Auch zu den großen Tanzveranstaltungen am Abend der Treffen spendierte Konrad den Wein. Oft hielten sie mit Szekcsöi Konrad zusammen, den ganzen Saal mit Wein frei.

Doch die Bewirtschaftung dieser Felder ging nur einige Jahre gut. Die junge Familie stieg aus und Konrad übergab die Felder an die Genossenschaft zur Nutzung für eine Jahresnutzungsgebühr. Seinen Weingarten im oberen Jarosch verkaufte er, dafür kaufte er einen kleineren Weingarten im unteren Jarosch, den jetzt Sohn Gábor und Familie bearbeiten, unter zeitweiliger Mithilfe von Konrad. Gábor lernte Landmaschinenmonteur, und hat sich auf Bauschlosser spezialisiert.

Konrad war immer schon gesellschaftlich aktiv. Er brachte sich schon in der Vorwendezeit im Gemeindeausschuss und in der Kirche ein. So war er Sprecher der Deutschen im Gemeinderat und auch langjähriger Kirchenvorstand der ev. Kirchgemeinde und bringt sich heute noch dort ein. Seine Aktivität und seine Verdienste in der Gemeinde wurden 2017 mit der Ehrenbürgerschaft von Kaposszekcsö geehrt. Zu vielen Dingen ist sein Wissen und seine Erfahrung bei den jungen, nun regierenden, Damen gefragt.

Und bei jedem unserer Besuche in Gunaras / Dombóvár waren wir öfters bei Lotti und Konrad zu Gast und wir wurden immer herzlich empfangen und köstlich bewirtet. Auch wenn wir mal unerwartet bei ihnen aufkreuzten und sie gar gerade Schlachtfest hatten, wie, als wir zur Beerdigung von Elisabeth Schleier nach Klamanok fuhren und kurz Halt bei ihnen machten. Hatten wir die Wurst Konrads und die Kräppelchen Lottis gerochen? Ihren vorzüglichen Hühnerpaprikasch habe ich ja schon früher mal beschrieben [2].

Und auch bei diesem unserem Besuch zu Pfingsten 2018 waren sie wieder voll für uns da und wir, wie immer, ihre willkommenen Gäste. Gábor, ihr Sohn, kochte diesmal und servierte einen Ungarischen Pörkölt im Bogrács. Vorher servierte uns seine Frau, Márika, geb. Csavari, eine herrliche Rindsnudelsuppe. Und zum Essen holte Konrad seinen Weißen aus dem Keller herauf und schenkte reichlich ein. Bärbel wurde von Konrad und Lotti sofort herzlich angenommen und die zwei Frauen verstanden sich wie Schwestern.

Unseren Aufenthalt steuerten die Lötzes, so schien es mir manchmal, auch aus der Ferne, unsichtbar. Und zu meiner Auszeichnung als Ehrenbürger von Kaposszekcsö ist Konrad Lötz doch sicher nicht nur von den drei Damen: Ibolya Csapó, Bürgermeisterin, Katharina Pfeiffer, Leiterin des Deutschklubs und Márta Dudas, Kirchenvorstand, konsultiert worden.

1)   *Heinrich Oppermann, Die Enkel der Donauschwaben, Verlag Books on Demand, Norderstedt, 2007*

2)   *Heinrich Oppermann. Lotti nénis erster Hühnerpaprikasch, Erinnerungsgarten, Verlag Books on Demand, Norderstedt, 2013*

Peter Tiglmann

Meine in meinem Geburtsheimatdorf verbliebenen Schulfreunde, Konrad Lötz und Konrad Szekcsöi, der magyarisierte Konrad Schmal, organisierten nach den Siebzigern, jedes Jahr oder jedes zweite Jahr zu Pfingsten, ein Treffen ehemaliger Sektschier, eine Art Heimattreffen mit allen aus Kaposszekcsö weggegangenen und vertriebenen Deutschen und Ungarn (so bezeichnet zur Wahrung der Neutralität oder des lieben Friedens willen). Zu diesen Treffen war ich mehrmals eingeladen, konnte aber in meiner beruflich aktiven Zeit, aus Zeitgründen, nicht teilnehmen. Nur 1998 überredete uns unser Sohn Uwe, dass wir mit ihm und seiner Frau, Bärbel, zu viert, nach Gunaras / Dombóvár ins Bad fuhren und am Pfingsttreffen in Kaposszekcsö teilnahmen.

Unsere spätere Fahrten nach Ungarn und Gunaras verlegten wir auf die Herbstszeit. So waren wir 2005 mit allen erwachsenen Enkeln, Niklas war da erst drei Jahre und noch zu klein, auf einer Ungarnreise mit einem Kleinbus, den der älteste Enkel, Sven, selbst fuhr. Danach waren wir 2007 mit Gerda Hild, 2009 mit Petra und Christian, und 2012 mit Heike und Karsten und Niklas, jeweils Anfang November in Gunaras. Dabei logierten wir in Peter Tiglmanns Hotel Europa.

Peter Tiglmann, Senior

Bei unserem Aufenthalt 1998 wohnten wir im Wochenendhaus meiner Großcousinen Eva und Katharina Beck, die in Dombóvár verheiratet waren und wohnten, und Petró Sándorné und Keszei Jánosné hießen. Sie hatten in Gunaras, in der Alkonyat u., der Dämmerungsgasse, der dritten Gasse parallel zur Badgasse, ein Wochenendhäuschen.

Eines Tages kam ein Radfahrer des Wegs gelämpelt, ich rüstete gerade den Audi für die Heimfahrt, er hielt und grüßte freundlich:
„Ja geht es schon wieder heimwärts?"
Sprach er mich deutsch an. Meine Antwort war kurz:
„Ja leider, mehr Urlaub haben wir halt nicht!"

„Und wo seid ihr her, früher hat man die aus dem Osten an den Autos erkannt, DD ist ja wohl Dresden? "
Und ich antwortete ihm ungarisch:
„Ja, ich bin in Kaposszekcsö geboren und bin jetzt Dresdener und früher fuhr ich einen Skoda. Aber nun fährt man halt einen West-wagen, so man sich es leisten kann. Aber das ist ja nur eine Frage des Jahrgangs des Autos. Im Prinzip geht ja nun wieder alles, das geht ja bei euch jetzt auch!"
Er reagierte sofort und lachte:
„Ich hun doch glei gemahnt, dass Du aner von to bist. Un mer sain to etwa gleichaltrig, ich sain a 32-er. Un Tu?"
„Ich sain 34-er Jahrgang",
antwortete ich ihm.
„To hun mer doch vleicht in Tiedisch 1946, awwer 1947, geje ananner gefocist, to war maan ich a Spiel geje Sektschier Buwe ".
Und daraus entwickelte sich ein langer Plausch, mal deutsch, mal schwäwisch, mal ungarisch. Und es ging auch um die Preise, dass so ein Häuschen, mit ausgebautem Spitzdachboden, schon um die 20 Tausend Mark zu haben sei, natürlich abhängig vom eingebau-ten Komfort und Zustand des Hauses. Und er wies auf das gegen-überliegende Haus, das gerade für 22 Tausend verkauft wurde.
Der Radler war der 1932 in Mágocs geborene Peter Tiglmann, unseres späteren Hotelbesitzers Vater. Die Tiglmanns hatten da-mals das erste Bungalowhäuschen an der Badstrasse.
Im weiteren Gespräch meinte ich:
„Man müsste am Ende der Badstrasse ein kleines Hotel bauen, das könnte doch in Zukunft gefragt sein".
Tiglmann Vater sprang sofort an und offerierte mir:
„Wenn du in der Höhe des Preises für ein solches Häuschen mit einsteigst, dann fangen wir gleich an. Solltest du mit 50 Tausend Mark einsteigen können, dann wird es schon ein größeres."
Doch ich winkte lachend ab:
„Für mich rechnet es sich nicht, da müsste ich ja jedes Jahr mei-nen Urlaub hier verbringen, sonst lohnte es sich nicht."
Und er, schon halb wieder in den Pedalen, bedauerte nur:

„Schade, du wärst mir ein guter Partner. So wünsche ich euch eine gute Heimfahrt, überlege es dir noch mal, und vielleicht sehen wir uns bald wieder."

Wir fuhren zwar 2007, 2009 und 2012 wieder nach Gunaras, und da stand das Hotel Europa, des Juniors Peter Tiglmann schon, das Jahre später auf seine heutige Größe erweitert wurde. Das Hotel ist wohl mit finanzieller Beteiligung seines Bruders, Gábor, der bei einer Bank in Budapest arbeitet, entstanden. Vater und Senior Peter Tiglmann begegnete ich auf diesen Reisen leider nicht mehr, er starb 2014 nach kurzer, schwerer Krankheit.

Peter Tiglmann, Junior

Die Ahnen der Tigelmanns in Mágocs stammen auch aus Hessen, aber aus dem östlichen Teil Hessens, aus Herolz bei Schlüchtern, der Abtei Fulda. Von dort ist ein Tiglmann Johannes 1718 ausgewandert, der 1729 in Hidas / Tolna 1729 Katharina Zingham, ebenfalls aus Herolz, heiratete.

Der Vater unseres Peter Tiglmann, wurde 1932 in Mágocs geboren, heiratete in Mágocs Josepha Hartung und ihr Sohn Peter wurde 1965 geboren, Gábor 1972. Unser Peter Tiglmann heiratete Bettina Baka. Sie haben einen Sohn und eine Tochter und wohnen jetzt in Dombóvár.

Peter Tiglmann jun. begegnete ich das erste Mal 1995, als wir mit meiner Seminargruppe mit einem Bus in Ungarn waren und auch in Gunaras kurz hielten und uns umschauten. Ein junger Mann kam sofort in den Bus und offerierte Reisen durch Ungarn. Er verteilte seine Visitenkarten als Physiker[1]. Das Jahr darauf kam ich mit meinen Freunden, und wir übernachteten in Bungalows auf dem Zeltplatz und wurden im Restaurant versorgt. Dort hat Peter Tiglmann. unsere Platzierung und Frühstücksversorgung organisiert.

In den Jahren 2007, 2009, 2012 und 2015 kamen wir wieder und logierten im Hotel Europa. Peter Tiglmann empfing uns schon als gute Bekannte, war immer freundlich und stets um unser Wohl während des Aufenthaltes sehr bemüht. Er war an allen Stellen, war im Hotel, jagte durchs Restaurant, das hundertfünfzig Schritt vom Hotel entfernt liegt, eilte emsig umher, redete jeden kurz an, und war gleichzeitig als Stadtabgeordneter und als Vertreter der Ungarndeutschen viel unterwegs. Peter ist Hans Dampf in allen Gassen und stets in Bewegung.

Bei unserem diesmaligen Aufenthalt mit Bärbel interessierte er sich für die Gedenktafel der Vertreibung der Ungarndeutschen in Pirna und meinte, eine solche Tafel sollte auch in Dombóvár aufstellt werden.

So fuhren wir an die Stelle der Einwaggonierung 1948 und schauten uns das Gelände um den alten Bahnhof in Dombóvár an. Der einstige Bahnhof und sein Gelände sind verwaist, der Bahnhof diente in seinen letzten Jahren nur noch als Verschiebe- und Rangierbahnhof. Die Böschungen und die Gleiskörper sind Unkraut überwachsen. Überall liegen Reste einer untergegangenen und schon vergessenen Zeit.

Der Parkbereich hinter dem Bahnhof ist aber in einem leidlich guten, sauberen und gepflegten Zustand. Und wir meinten, an der Stelle, wo ein Kossuth Denkmal steht, wäre in der Nähe auch die Aufstellung des Denkmals für die Vertreibung der Deutschen aus der Region und ihrer Einwaggonierung 1948 sinnvoll und möglich.

Noch im Sommer 2018 war Peter Tiglmann im Raum Dresden, in Grumbach zu einem Kurzbesuch bei Verwandten, und hat sich bei der Gelegenheit die Tafel in Pirna angeschaut. Zu einer Aufstellung eines adäquaten oder ähnlichen Tafelexemplares in Dombóvár ist es aber noch nicht gekommen.

Die Gedenktafel

Die 1948 bis im Juni in die damalige Ostzone Deutschlands ausgelieferten und vertriebenen Ungarndeutschen[2], etwa 50 Tausend, waren wenige Tage in den Kasernen[3] in Pirna in Sachsen auf der Rottwerndorfer Strasse untergebracht. Und sie wurden danach auf Städte der Region um Dresden verteilt. An der Strasse vor der ersten grauen Kaserne, von der Stadt her kommend, auf dem Grünstreifen, schräg gegenüber des jetzigen Parkplatzes vor dem Bad, wurde am 22. 8. 2016 eine Gedenktafel zur Vertreibung der Ungarndeutschen, auf Anregung und Betreiben von meinem gleichaltrigen Freund, Prof. Dr. med. Jakob Justus, der aus Meknitsch / Mekényes stammte, und mir, aufgestellt. Jakob Justus ist leider schon im Oktober 2015 verstorben und konnte die Realisierung und Einweihung der Gedenktafel nicht mehr erleben.

Die Tafel wurde vom stellvertretenden Botschafter Ungarns in Deutschland, András Izsák, dem Oberbürgermeister Pirnas, Klaus Peter Hanke, Jens Baumann vom Sächsischen Ministerium des Inneren, Beauftragter für Vertriebene, und dem Bundestagsabgeordneten Klaus Brähmig, und mir als Zeitzeuge, in einer feierlichen Stunde eingeweiht. Dazu waren mehr als 50 Gäste aus der Region, meist Ungarndeutsche, gekommen. Die Mitteilung über die Veranstaltung war etwas spät im Pirnaer Tageblatt erschienen, sonst hätten sicher gern mehr teilgenommen.

Die Gedenktafel soll auch den nachfolgen Generationen als Mahnung dienen, für Freiheit, Demokratie und politische Stabilität im geeinten Europa zu wirken. Der Text der Tafel ist in deutscher, ungarischer und englischer Sprache abgefasst. Leider nicht auch in russischer Sprache, der Sprache der Sowjetarmee, die den Osten Europas und den Osten Deutschlands im Zweiten Weltkrieg befreite. Und die Regierung der Sowjetunion, als eine der Alliierten gegen das deutsche Heer, hat zwar die Vertreibung der Deutschen aus Ungarn nicht befohlen, aber auf Anfrage der ungarischen Behörden gebilligt.

Und die Westalliierten erhoben dagegen keinen Einspruch.

Erinnerung und Mahnung

Im oberen rechten Teil der Tafel ist die Region Ost- und Mitteleuropas eingraviert, aus der nach dem Zweiten Weltkrieg über zwanzig Millionen Deutsche vertrieben wurden, oder vor der vordringenden Front der Sowjetarmee flohen. Weitere Millionen Deutsche sind nach 1990 aus den Ländern der ehemaligen Sowjetunion und den Nachfolgestaaten der ehemaligen sozialistischen Länder nach Deutschland gekommen.

Der Tafeltext:
Mehr als zwei Jahre nach dem Ende des Zweiten Weltkrieges wurden etwa 50.000 Ungarndeutsche aus ihrer Heimat in die Sowjetische Besatzungszone Deutschlands (die spätere DDR) vertrieben. Ihre Vorfahren waren im 18. Jahrhundert im zuvor von den Osmanen verwüsteten Königreich Ungarn angesiedelt worden. Seitdem hatten sieben Generationen dieser Einwanderer die von ihnen besiedelten Regionen zu wirtschaftlich prosperierender, blühenden Landschaft gemacht.

Nachdem 1945 die Herrschaft der Nationalsozialisten und ihrer Verbündeten in Europa zusammengebrochen war, wurden die meisten der damals in ostmitteleuropäischen Ländern lebenden Menschen deutscher Nationalität in kollektiver Haftung für die Verbrechen des Unrechtregimes genommen. Sie wurden enteignet und in den folgenden Jahren gezwungen, das Land ihrer Väter zu verlassen.

Von August 1947 bis Juni 1948 kamen 33 Transporte mit Ungarndeutschen nach Sachsen. Der überwiegende Teil von ihnen fand in der „Grauen Kaserne" in Pirna Aufnahme; später wurden die Vertriebenen von hier aus in verschiedene Regionen Sachsens verteilt. Diese Tafel soll an die Opfer der Vertreibung erinnern. Möge sie auch den nachfolgenden Generationen als Mahnung dienen, für ein in Frieden, Demokratie und politischer Stabilität geeintes Europa zu wirken.

Die ungarische Nationalversammlung hat beschlossen, den Vertriebenen eine finanzielle Entschädigung zukommen zu lassen. Außerdem erklärte sie im Dezember 2012 einstimmig den 19. Januar zum künftigen Tag des Gedenkens an die Vertreibung der Ungarndeutschen. Dieser Gedenktag wurde 2013 erstmals offiziell begangen.

1) *Peter Tiglmann erzählte mir später, dass er in Budapest Physik studiert habe und in Hannover, am Institut für physikalische und Elektrochemie, bei den späteren Professoren Becker und Martin habe promovieren wollen.*

2) *Aus Ungarn wurden nach dem Zweiten Weltkrieg zwischen etwa 150 Tausend Ungarndeutsche in die drei Westzonen (1946-1947) und 50 Tausend in die Ostzone Deutschlands, (die Russische Besatzungszone) Pirna, (September 1947 bis Juni 1948) transportiert. Die Vertreibung erfolgte auf Beschluss der Ungarischen Regierung, mit Billigung der alliierten Besatzungsmächte, USA, England, Frankreich und Russland, damals Sowjetunion.*

3) *„Die grauen Kasernen"; Die Kasernen sind in einigen Literaturbeschreibungen der Vertreibung als graue Kasernen beschrieben. Es stehen da drei backsteinrote und zwei graue, schwach erdfarbene Kasernen. Je nach Autoren sind es graue oder rote Kasernen. Wir waren in der dritten roten Kaserne untergebracht worden. Der Zug war über die damaligen Eisenbahngleise Pirna - Bad Gottleuba vor die Kasernen rangiert worden. Die Strecke Pirna - Bad Gottleuba wurde in den siebziger Jahren stillgelegt, die Gleise später abgebaut. Nur der Gleisdamm ist noch an wenigen Stellen zu sehen, oder, mehr zu ahnen.*

Sommers

Dienstag, den 29.5. nahmen wir überall Abschied von unseren Freunden und auch guten Bekannten in Gunaras. Die Koffer waren schnell gepackt und Rolf Domke kam uns helfen, die Koffer in unserem Audi A4 im Tiglmann-Hotel-Park zu verstauen. Bei der Abfahrt flossen zwar keine Tränen, aber ein wenig Wehmut floss und schwebte schon in die Kronen des Akazien dominierten Mischlaubparkes.

Auf unserer Rückfahrt von Dombóvár / Gunaras über Sopron / Ödenburg nach Rust am Neusiedler See, wo wir übernachten wollten, hatten wir noch einen Tag zum Besuch meines Schulkameraden, Heinrich Sommer und seiner Frau Elisabeth, in Balatonfenyves am Plattensee vorgesehen. Die Familie Sommer aus Sektschi, Heinrich Sommers Vater war der Wagner des Dorfes, wurde 1948 nicht einwaggoniert, wie auch andere deutsche Handwerker und Eisenbahner nicht. Die deutschen Handwerker und Eisenbahner wurden zwar 1947 mit enteignet, durften aber in Kaposszekcsö verbleiben. Jahre später dann gingen die Sommers nach Pécs / Fünfkirchen.

Heinrich Sommer ist 1956, während der revolutionären Unruhen in Ungarn und dem Aufstand in Budapest, dessen Bilder damals um die Welt gingen, mit seinem Bruder Peter und seinen Meißinger Cousins, Heinrich und Hans, bei Nacht und Nebel über Österreich nach Deutschland (damals Westdeutschland) geflohen.[1] Er geriet nach Stuttgart, arbeitete bei der Deutschen Reichsbahn, diente sich hoch, heiratete 1960 Lissi Rück, die ebenfalls aus Sektschi stammte, deren Familie aber schon 1947 nach Deutschland geflohen war. Und so fanden Heinrich Sommer und seine Familie ihre neue Heimat in Tamm, wenige Kilometer nördlich von Stuttgart [1].

Heinrichs Schwester, Lies, und sein Bruder, Hans, und ihre Familien, wohnen in Pécs. Heinrich hat in Deutschland gut verdient und so beschlossen die Familien, in Tamm und Pécs, in den Wendejahren, am Balaton, in Balatonfenyves, zwei Sommerhäuschen zu Bauen, wo sie sich regelmäßig in den Sommermonaten aufhalten und treffen können.

Wir trafen kurz vor Mittag bei den Sommers in Balatonfenyves ein und unsere Wiedersehensfreude war überaus herzlich und groß. Wir hatten uns seit unserer Vertreibung 1948 aus Kaposszekcsö nicht wieder gesehen und nur vor wenigen Jahren wieder von einander erfahren und Kontakt miteinander bekommen. Und das kam so: Jakob und Bärbel Justus fuhren seit Jahren regelmäßig nach Gunaras ins Bad und lernten dort Rolf Domke, der mit seiner Frau Anna, geb. März, die aus Tékes stammte, auch regelmäßig nach Gunaras fuhr, kennen. Die Bekanntschaft kam über Heinrich Reining (s. später), den quasi Bürgermeister von Gunaras, zu Stande. Jahre darauf starb Rolfs Frau, Anna, aber Rolf hatte Gunaras und seine Gäste ins Herz geschlossen und fuhr weiter nach Gunaras.

Über einen Neffen sind Rolf Domke und die Sommers miteinander weitläufig verwandt. Rolf beschloss anläßlich einer Plattenseeausfahrt von Gunaras, mit Bärbel und Jakob Justus, Heinrich Sommer und seine Elisabeth zu besuchen. Beim Kaffeeplausch bei Sommers in Fenyves auf der Veranda kam die Rede so beiläufig darauf, dass Sommers seit Jahren nun in Tamm bei Stuttgart zu Hause seien, aber aus Kaposszekcsö in Ungarn stammten. Worauf Jakob Justus dann meinte:

„Ja, da müssten sie doch auch meinen Freund, den Professor Heinrich Oppermann, kennen!"

Darauf stand Heinrich Sommer schweigend und in sich hineinlächelnd auf, ging ins Haus und kam mit einem Bild in der Hand zur Kaffeetafel zurück und zeigte auf das Bild:

„... der hier neben mir ist Heinrich Oppermann..".

Die Verblüffung war auf beiden Seiten groß. Das Bild von der Kaffeetafel, das Rolf sofort schoss, erreichte mich auf dem Handy meiner Tochter Petra in deren Pension am Goethepark in Bad Gottleuba. Rolf Domke und ich hatten, im Herbst 2015 zusammen, das „ Ortsfamilienbuch Kaposszekcsö" zum Teil in einem achttägigen Aufenthalt in der Pension bei Petra, in einer Art Klausur, quasi in Tag- und Nachtarbeit, zusammengetragen und abgestimmt. Rolf hatte so noch die Telefonnummer gespeichert und frug bei meiner Tochter an, wo und wie er mich denn erreichen könnte. Und wir saßen mit Feodora gerade zum Mittagessen bei ihr.

Wir hatten danach mit Heinrich Sommer wiederholt lockeren telefonischen Kontakt, hatten aber noch nicht die Möglichkeit uns persönlich zu sehen. Nun also plauderten wir auf der Terrasse und vergaßen dabei die Zeit, bis unsere Damen, Elisabeth und Bärbel, die sich ja schon kannten und ihren eignen Plausch hatten, uns daran erinnerten, dass es Zeit für ein Mittagessen wäre. Und Lies Sommer fügte noch nach:

„Wir wollten doch mit unseren Gästen in die Kukorica Csárda und da wird es Zeit! Du hattest uns doch nicht angemeldet, da könnte es schwierig werden, einen schönen Platz zu bekommen."

Und Heinrich fuhr uns mit seinem Wagen in die Csárda und hielt uns natürlich in seiner Stammkneipe frei. Heinrich stellte uns dem „Föpinzér", dem Oberkellner, sehr vertraut vor, und danach auch dessen Jungens, in schwarzer Hose, weißem Hemd und schwarzer Weste. Es fehlten nur die Stiefel, dass sie aussahen wie die Gulyás in der Hortobágyer Puszta. Nur die gesattelten Pferde fehlten halt. Aber die Jungs übertrafen sich in Eifer, Ehrerbietung und Aufmerksamkeit um Sommers und uns, ihre lange nicht wieder gesehenen Mittagstischgäste.

Wir mit Heinrich Sommer hatten uns seit unserer gemeinsamen Schulzeit, 1941 bis 1948 in Kaposszekcsö, nicht wieder gesehen! Seine Liesbeth kannte ich noch gar nicht, jedenfalls erinnerte ich mich nicht an sie, obwohl sie ja auch von Geburt eine Sektschierin ist. Ein kühler Schluck eines vollmundigen Balatonboglárer Weißen umflorte unser Wiedersehen und befestigte unsere Freundschaft und das köstliche, gemeinsame Csárdamahl wird uns lange noch in Erinnerung bleiben.

In der Cafeteria und Konditorei an der Strandpromenade von Balatonfenyves servierten uns die zwei Sommers noch Kaffee und Eis und wir hätten für unser Beisammensein noch reichlich Gesprächsstoff aus unseren vergangenen Jahren und der Gegenwart in Reserve gehabt, wir waren durch die Familien und die gemeinsamen und getrennten Jahre noch nicht durch. Viele Fragen und gemeinsame Terrains blieben unberührt und offen, oder gerade so angesprochen und angebrochen. Nur unser Weg bis nach Rust am Neusiedler See betrug noch mehr als 250 Kilometer und wir mussten noch um den unteren Zipfel, und fast den halben Balaton, herum.

Die Strasse am Balaton entlang ist im Sommer relativ stark befahren. Die Strasse dann dahinter bis zur österreichischen Grenze ist relativ verkehrsarm, führt aber durch etliche und langgestreckte Dörfer. Katzen, Hunde, Rinder und andere Rindviecher queren an mehreren Stellen diese Fernstrasse und auch noch mancher Pferdehuf zieht seinen Karren scheppernd übers Land, mitten über die Straße. Und wir wollten noch bei Tage unser Quartier bei den Haberhauers in Rust am See erreichen.

1)   Heinrich Sommer, Erinnerungen, Selbstverlag, Tamm 08/ 2016

Wieder in Rust

In Rust, Weinhaus Haberhauer, wo wir schon auf der Hinfahrt für eine Nacht Quartier bezogen hatten, kamen wir nun doch erst sehr spät, es war bereits nach 21 Uhr, an. So, dass der Buschenschank von Norbert Haberhauer schon geschlossen war. Doch sein Vater, der Altwirt, Dieter Haberhauer, hatte uns in freundschaftlicher und freundlicher Voraussicht eine gut temperierte Flasche Cabernet Sauvignon aufs breite Fensterbrett zum Balkon unseres Zimmers gestellt.

Er meinte, als wir gleich nach unserem Eintreffen und unserer kurzen Begrüßung in Richtung unseres Übernachtungsdomizils strebten, er wüsste ja nicht, ob wir nun ein oder zwei Zimmer wollten. Aber ihm sei es ja egal, und er habe auf das Balkonfenster eine temperierte Flasche Cabernet Saovignon vom letzten Jahr gestellt. Nach seiner Meinung sei der am besten gelungen und dürfte uns auch gut bekommen.

So, so also, Herr Haberhauer. Ein guter Freund und Menschenkenner, der Senior, Dieter Haberhauer! Er ist mit mir gleichaltrig, hat seine Frau, die ich als freundliche Dame des Hauses kennenlernte, auch in den letzten Jahren verloren. Und immer wenn ich in die Region komme, geht es nicht ohne einen Halt in Rust bei Haberhauers ab. Unsere erste Reise zu Ihnen in Rust am Neusiedler See, den einst ungarischen Fertőtó, als in der Region bis Eisenstadt auch Ungarisch gesprochen wurde, der aber jetzt den Ungarn nur noch zu einem knappen Viertel gehört, war 1996 zusammen mit unseren Freunden und sehr schön. Alle erinnern sich noch öfters, und gern, wenn wir bei einem Glas Wein, besonders einem Haberhauer Cabernet, zusammensitzen, wie wir damals zur Weinlese der Haberhauers mit ausrückten und Norbert, der Sohn und Jungwinzer, völlig überrascht war, wie unsere Truppe lesekundig und lesefreudig zu Werke ging und die Lese, die Rapp, wie sie sagen, so schnell rapp, herunter, und durch die Kelter gedreht und in der Bording landete und als Maische gärte und alsbald geklärt und als Wein im Fass war.

Wir und unsere Restreisekrumen, die wir mit Bärbel noch von Gunaras her mit uns führten, nahmen den freundlichen Willkommensgruß und vorzüglichen Wein gern an und saugten ihn förmlich auf, als hätten wir die ganze Reise und die vielen, langen und aufregenden Tage auf unserer Pfingstreise, in meine und um meine Geburtsheimat Kaposszekcsö, über, keinen Tropfen Wein zu trinken bekommen, gar gesehen. Dabei waren wir keinen einzigen Tag über unversorgt, im Gegenteil, oft überversorgt und wir hätten allzu gern pausiert, aber die überaus herzliche Gastfreundschaft konnten wir ja schlecht abschlagen. Und den Wein schon gar nicht.

Über den Vergleich und die Güte der unterschiedlichsten Weine unserer Gastgeber in und um Kaposszekcsö, ob Rotwein oder Weißwein oder Schillerwein, die wir tagtäglich, früh, mittags und, oder abends in und um mein Geburtsheimatdorf tranken und genossen, will ich mich hier aber lieber nicht einlassen, geschweige denn darüber auslassen. Jeder der Freunde und Bekannten macht seinen eigenen guten Wein nach seinem Gustos, nach Hanglage und Sonnenlage, Traubenart und deren Mengenverhältnis. Ja, gar abhängig von Lesezeit und Lesedauer. Und jeder der Ungarndeutschen Weinbauern präsentiert und offeriert seinen Gästen mit Freude und Stolz seinen Wein.

Die Gastfreundschaft mir und Bärbel gegenüber war überall und bei allen Freunden und Bekannten, bei denen wir einkehrten, oft nur vorbeischauen und guten Tag sagen wollten, überschäumend herzlich. Und auch die Weine all dieser unserer Gastgeber mundeten und bekamen uns gut.

Jakob Justus

Nach dem Tod von Bärbels Mann, Jakob Justus[1], im Oktober 2015, nahmen wir mit Feodora ab und an Bärbel zum Mittagessen bei unserer Tochter, die eine Pensionsgaststätte in Bad Gottleuba am Goethepark betreibt, mit. Es war eine selbstverständliche Fortsetzung der jahrelangen Freundschaft mit ihrem Gatten, Jakob und ihr, und wir genossen das Beisammensein und die gemeinsamen Stunden. Feodora hatte Bärbel in ihr Herz geschlossen und freute sich über die netten Gespräche und die gefühlvolle Rücksichtnahme von Bärbel auf Feodoras zunehmende Vergesslichkeit.

Mit Prof. Dr. med. Jakob Justus, Bärbels Mann, verband mich eine leider nur wenige Jahre während, intensive Freundschaft. Unsere Bekanntschaft und Freundschaft ergab sich durch unsere Herkunft als Ungarndeutsche. Am 8. Mai 2008 fand ein Erinnerungstreffen: „60 Jahre Vertreibung" zur Ankunft der vertriebenen Deutschen aus Ungarn im Frühjahr 1948, im Robert Schumannhaus in Zwickau statt, zu dem wir mit Enkeltochter Iris fuhren. In dem gefüllten Saal ließ ich von Iris die Handzettel von meinem ersten Buch : „Die Enkel der Donauschwaben" verteilen. Wenige Tage nach Zwickau rief mich eine Stimme an:

„Mein Name ist Jakob Justus, sie sind doch Prof. Dr. Heinrich Oppermann? Ich bin Professor der Medizin und habe vor wenigen Tagen in Zwickau einen Flyer von Ihrem Buch: „Die Enkel der Donauschwaben" in die Hand bekommen. Ich stamme aus Meknitsch in Ungarn, wir sollten uns doch mal treffen. Aus dem Buch entnehme ich, dass wir eine gleiche Herkunft und einen ähnlichen Entwicklungsverlauf hatten."

Und wir trafen uns schon wenige Tage später, am 14. Mai um 12 Uhr, in der Brauereigaststätte Budapester Strasse. Als die Kellnerin an unserem Tisch das Bier abstellte und bemerkte, sie wünsche den Brüdern, wie sie vermute, einen guten Schluck, dankten wir lächelnd durch Erheben unserer Gläser und stellten fest, dass wir uns wirklich ähnlich sähen und dass wir gleichen Jahrgangs seien, im gleichen Transport 1948 nach Pirna kamen und beide ähnliche

Bildungswege gegangen sind. Er lernte Frisör in Zwickau, besuchte die ABF in Leipzig, studierte Medizin in Berlin, arbeitete und promovierte zum Dr. med. und habilitierte sich an der ME-DAK in Dresden und war zuletzt Direktor der Pathologischen Klinik in Dresden Friedrichstadt. Mein Weg führte vom Molkereifacharbeiter über die ABF in Leipzig zum Chemiestudium in Dresden (1955-1960), ging über die Position eines wissenschaftlichen Mitarbeiters und Labor- und Gruppenleiters am Institut für Reinststoffe, dem späteren Zentralinstitut für Werkstoff-Forschung der ADW, wo ich Gruppen- und Abteilungsleiter war, auch promovierte und habilitierte, 1980 zum Professor ernannt wurde, danach an die Technische Universität Dresden berufen wurde, wo ich Lehrstuhlleiter und Direktor für Anorganische Chemie von 1984-2002 war.

Nach unserem ersten Treffen beim Bier auf der Budapester Strasse, trafen wir uns öfters in seinem Haus auf der Rockauer Strasse und saßen meist in seinem Verandaanbau, mit Blick auf das Elbtal durch die Freiräume der hochgeschossenen Bäume in seinem Garten und der benachbarten Gärten. Auch bei mir trafen wir uns gelegentlich. Zu der Zeit betreute ich immer Dienstags am Nachmittag meinen Enkel Niklas in Weißig und mein Weg führte auf dem Heimweg über das Weißiger Hochland und Gönnsdorf, den Fernsehturm rechts liegen lassend, die Staffelsteinstrasse hinunter zur Rockauer. Wenn wir längere Sitzungen hatten, nahm ich auch den damals 5-jährigen Niklas mit und Bärbel beschäftigte ihn derweil im Zimmer nebenan.

Nach Austausch unserer Ergebnisse zur Ahnenforschung, die wir unabhängig voneinander nach 2005 begannen, stellten wir fest, dass mein Ahne, Johann Heinrich Oppermann, geb 1705 in Rodenbach bei Altenstadt, gest.1771 in Kosat / Egyházaskozár, Kozár, 1736 Taufpate bei seinem Ahnen, Wilhelm Justus, in Meknitsch / Mekényes war. Unserer beider Ahnen Familien wanderten 1721 in Ungarn aus der Wetterau, Landkreis Gießen, ein. Es war zu vermuten, dass sie sich schon von der Wetterau her kannten, gar miteinander verwandt waren.

Jakob zitiert hierzu in seiner Meknitsch-Chronik:

„Justus, Johann Wilhelm, Sohn des Anton Justus, heiratet am 21.11.1736 in Mekényes (Eintrag im Kat. Kb. Bikal): 'Juv. Joh. Vilhemus jus cum virgine Anna Clara Adami Hausmann et Barbara, legitima filia T.: Joh. Opfermann, Jo. Conrado Thais'...stpfl 1737, 1741... (T: Taufpate, H.O.)

Jakob Justus hat unter Mitarbeit von Rolf Domke (Reutlingen) 2011 / 2012 sein Buch: „Mekényes (Meknitsch) - eine deutsche evangelische Gemeinde in der Baranya (Branau) 1735-1948, Chronik einer Schicksalswanderung im Kontext politischer Ereignisse" herausgebracht. Zur gleichen Zeit waren meine: „Ahnen von Oppermann, Schild, Gebhardt, Gesellmann, Hild und Büttner - Fricke" in der Druckerei und Verlag Hille in Dresden 2011 fertig gestellt. Und Jakob regte an, doch meine Ahnenforschung auf das ganze Dorf Sektschi zu erweitern, was dann in Mitarbeit von Rolf Domke auch erfolgte.

Das Buch: „Kaposszekcsö / Sektschi. 1775-1948" erschien im Herbst 1915 und Jakob Justus konnte es im Oktober noch auf dem Krankenbett in seinen Händen halten:

„...ich freue mich, dass ich das noch erleben und sehen kann, lesen kann ich es leider nicht mehr."

Und er blätterte nur und gab es mir zurück mit den Worten:

„Der optische Eindruck ist sehr gut, ich beglückwünsche euch, dich und Rolf, und freue mich mit und für euch! Wir haben der Nachwelt einen schönen Dienst erwiesen"

Jakob Justus wurde am 23.6. 1934 in Meknitsch, einem fast rein deutschen Dorf, mit über 1200 Einwohnern und 230 Häusern, geboren. Er besuchte dort die Grundschule, er lernte natürlich nur in deutscher Sprache und konnte folglich nur Brocken, besonders Schimpfworte, Ungarisch. Jakob begann noch 1947 eine Lehre in Mekényes / Meknitsch in der Branau in Ungarn.

Meknitsch / Mekényes liegt im nördlichen Zipfel des Komitats (Verwaltungsbezirk) Baranya / Branau, südlich vom Plattensee, zwischen Donau und Drau (Grenzfluss zu Kroatien). Der Komitatssitz ist Pécs / Fünfkirchen, das heute mehr als 200.000 Einwohner zählt.

Die Gemeinde Meknitsch liegt in einem langgezogenen Tal in Nord-Süd-Ausdehnung. Im Tal, von Norden kommend, trennt ein Bächlein, Méhészpatak (Imkerbach) die Hauptstrasse, es mündet am Dorfende Richtung Hajmasch an der Brücke in den Honigbach. Dieser fließt, aus Richtung Lengyel kommend, über die Liesel in Richtung Kührumpl und mündet in Dombóvár-Gunaras in den Kapos. Die Gemeinde wird in nördlicher Richtung von wildreichen Waldungen (Buchen, Eichen, Fichten) begrenzt. Das Klima ist mediterran, mit heißen Sommern und kalten Wintern, oft mit schneereichen Wintern. Mekényes umfasst mit zwei Posten (Puszta, Weideland) etwa 1700 Hektar. Mekényes wurde 1735 von deutschen Siedlern gegründet, besser wiedergegründet, an der Stelle, wo einst Raicen (orthodoxe Serben), vor der Zerstörung durch die Türken, wohnten.

Jakob Justus arbeitete nach der Vertreibung mit seinen Eltern aus Mekényes / Meknitsch in Ungarn nach Deutschland Ost, von 1948 bis 1953, in einem handwerklichen Betrieb in Zwickau. Von 1953 bis 1956 besuchte er die Arbeiter-und-Bauern-Fakultät der Karl-Marx-Universität in Leipzig, wo er die Hochschulreife erlangte. Anschließend nahm er ein Studium für Medizin an der Humboldt-Universität Berlin, und ab 1959 an der Medizinischen Akademie Dresden, Carl-Gustav-Carus, auf.

Nach dem Staatsexamen 1962 wurde ihm 1963 die Approbation als Arzt erteilt. Von 1962 bis 1974 war er Arzt am Pathologischen Institut der Medizinischen Akademie Dresden tätig, wo er auch seine Facharztausbildung absolvierte. 1963 war Justus unter Vorlage der Dissertation: „Die Wirkung von Parasympathomimetika und Cholinesterasehemmstoffen auf die durch 1,4-Dipyrolidino-2-butin (Tremorin) erzeugte Analgesie der Maus" an der Medizinischen Akademie promoviert worden. 1967 wurde ihm die Anerkennung als Facharzt für Pathologische Anatomie erteilt.

Mit der wissenschaftlichen Arbeit: „Experimentelle Untersuchungen zur Isoaggesionshepatitis der Maus" habilitierte sich Jakob 1974 an der MEDAK und folgte noch im gleichen Jahr einem Ruf als Chefarzt des Pathologischen Institutes an das Bezirkskrankenhaus in Dresden-Friedrichstadt. 1978 erlangte er die Lehrbefähigung für Pathologische Anatomie an der MEDAK und wurde zum 1.9.1978 als Hochschuldozent und 1982 als Honorarprofessor für Pathologische Anatomie an der Medizinischen Akademie / MEDAK berufen. Mit Erreichen des Altersruhestandes 1999 beendete Jakob seine Tätigkeit als langjähriger Chefarzt des Institutes für Pathologie „Georg Schmorl" am Krankenhaus Dresden-Friedrichstadt.

Jakob Justus betreute während seiner wissenschaftlichen Laufbahn zahlreiche Diplomarbeiten, Promotionen und Habilitationsarbeiten. Durch eine Vielzahl von Publikationen in einschlägigen Fachjournalen für Medizin und Vorträgen auf Konferernzen und vor Studenten wirkte Jakob Justus als anerkannter Pathologe über die Grenzen Deutschlands hinaus. Für sein Wirken wurde er als Medizinalrat und Obermedizinalrat und mit dem Fetscherpreis der Stadt Dresden geehrt.

Die Familie beschreibt Jakob so:

Er war seinen Kindern ein guter Vater, der neben seiner Arbeit reichlich Zeit mit ihnen verbrachte. In den ersten Jahren mit den Kindern beim morgendlichen Weinbergschneckensammeln im Wald und später bei regelmäßigen Verrichtungen im großen Haus und schönen Garten. Besonders schön fanden die Kinder die vielen glücklichen Urlaube in Ungarn. Sie genossen die gemeinsame Zeit beim Wettschwimmen im Plattensee und die lauschen abendlichen Bummel auf der Strandpromenade und dem Genuss von Palatschinken, Lángos, Fagylalt (Eis) oder gekochtem Mais, der Wurst am Stengel. Sie rannten schon los, wenn die Maisverkäuferin mit ihrem großen geflochtenen Korb auf dem Rücken zum Campingplatztor herein kam und rief:

„fözött kukorica!" (gekochter Kukuruz), oder der Eisverkäufer mit seinem weißen Wägele gefahren kam und laut:

„Fagylalt, fagylalt!" über den weiten Zeltplatz rief.

Jakob und Bärbel waren sehr Kultur interessiert, gingen oft in Konzerte, und ins Theater. Bei Reisen interessierte er sich für schöne Architektur und die Sehenswürdigkeiten der Region. In Ungarn waren sie in den Jahren, als die Buben noch kleiner waren, oft als Familie am Plattensee und in den späteren Jahren bei den regelmäßigen Besuchen im Badeort Gunaras bei Dombóvár, wo sie auch unseren gemeinsamen Freund, Rolf Domke, kennenlernten. Und es gibt kaum eine Kirche in Transdanubien und erst recht nicht in der ehemaligen Schwäbischen Türkei, die Jakob nicht von innen gesehen hätte.

Eines seiner großen kulturellen Erlebnisse war eine Reise nach Israel, die er zusammen mit Dieter Schuh unternahm und wovon er danach oft schwärmte und erzählte. Beeindruckt berichtete er u. a. von seinem Aufenthalt am See Genezareth und dessen Fischreichtum, obwohl er Fisch nicht mochte, ja allein seinen Geruch vermied. Fisch hasste Jakob geradezu, da er als Jugendlicher nach einem Jahrmarktbesuch und dem Genuss eines gebratenen Fisches eine schwere Fischvergiftung erlitt. Zu Hause durfte kein Fisch auf den Tisch.

Besonders wohl fühlte sich Jakob auch im Kreise seiner Freunde. Bärbel und Jakob Justus hatten sich einen engeren Freundeskreis aufgebaut, in dem sie sich regelmäßig, oft auch sporadisch trafen, zu gemeinsamen Ausflügen, zum Skat oder zu gemeinsamen Abenden, und immer gemeinsam mit den Ehefrauen. Es waren: Heidrun und Dr. Carlo Brack, Ingrid und Dr. Dieter Schuh, Gerdi und Dr. Rulo Welker. Der vierte im Bunde war Dr. Klaus Zimmermann, der analytischer Chemiker war, und seine Frau Ingrid. In diesem seinem intimen und fröhlichen Kreis war kein Thema tabu, politische Witze und politische Diskussionen auch in den Jahren der DDR sicher.

Zur politischen Wende und der Evaluierung hatte Jakob ein besonderes Verhältnis. In seinem 43-seitigen Bändchen, als „Abschiedsrückblick" bezeichneten Sonderdruck des Instituts für Pathologie „Georg Schmorl", das Prof. Dr. Jakob Justus von 1974 bis 1999 leitete, schreibt er hierzu:

„Mein inniger Dank gilt allen Mitarbeitern dafür, dass sie unter verschiedenen politischen Bedingungen und turbulenten Zeiten meinen Intentionen gefolgt sind. Dies war besonders kurz nach der sogenannten Wende wohltuend, als bei manchen Mitarbeitern übergeordneter Leitungen ihre eigene Vergangenheit vergessend - Stil, Anstand und Würde nicht zu den Tugenden zwischenmenschlicher Beziehungen zählten..."

Mein Freund und Landsmann, Prof. Dr. med. habil. Jakob Justus, geboren 1934 in Meknitsch, Ungarn, verstarb im Oktober 1915 in Dresden nach kurzer, und unerwartet schwerer Krankheit, in seinem zweiundachtzigsten Lebensjahr.

An seinem Grabmal in Dresden Hosterwitz nahmen seine Frau, Prof. Dr. med. Bärbel Justus, geb. Römer und seine beiden Söhne, Dr. med. Christoph Justus, und Dr. vet. med. Sebastian Justus und deren Familien und zahlreiche Freunde, Kollegen, Schüler und Nachbarn von ihm, tief gerührt, Abschied.

1) *Prof. Dr. med. habil. Bärbel Justus war Leiterin der Gynäkologie in der MEDAK-Dresden*

Würdigung zu Jakobs 80.[1]

Liewer Jokob, schreiwst Te noch, schreiwst Te noch an Tainer Meknitscher Kronik un an eerem Dealekt? Mai klaner Engeljebuuh hot mit meer welle ten Bruder Jokob im Kanon ohstimme, wu ich grad iwwer Tainer Meknitscher Noochles khockt hun un meer warsch wie Trauwellese dehaam im Wingert, so hun ich mich kfiehlt. Schee, tass Tu tes tust. Allde Meknitscher wänn sich aa frein, tess Tu eeren Dealekt uffschreiwst, flaacht aa a paar Junge, awwer tie hun toofeer noch wenich Sinn. Hattst Tu aa net in tem Alder khat.

To is annersch vorkange. Escht tes Studeern an de ABF, de Arweder un Bauern Fakolted, wu Te escht Teitsch host lenne müsse, noot an te Uni te alde lateinische Ausdrück fun de Knoche, tem Gewewe un te Innerein, wie se lewet fankzioneern un späder abstarwe sain, un noot ausseje. Host grad Zaat khat feersch Bärbelche, Tai spädere Fraa un Professern feer Fraaesach, un Tai zwaa Buuwe, Christoph un Sebastian. Späder noot schun aa net so viel. Se sain awwer so aa Dokdern warn. Un an te Pathologische Klinik host escht recht jo ka Zaat net khat, too host als Professor Direkter vieles uff Tai braat Kreiz nemme müsse, nooch te Leit schaue müsse, te lewene un te tode, un warum se kstarwe sain. Tes war net so ohne un es waan halt aa viele, tie Te oschaue host müsse un nochher kroose Brichte triwer schreiwe.

In Taim Meknitsch hot Tich tes noch net gedreckt. To host am liewste mit am Uleker uff te Hudwaat Hollergeil kschnitzt un bist barwes uff Akazibeem nuff un host Vegelnester auskhoowe. Im neie Konfermationsgwand bist stolzeert wie a Gickel un host ogewe vor te Mädeche uff te Stroos, tie kstaunt hun un klacht, tess eere große Schnatze un klaane Ditze un Reckche nor so kwackelt hun. Awwer noot is glaach annersch zu kange, to is Gnaatsch kumme im Maj Achtunferzich.

Te Kerchklock hun gelaat, te Klaarichter hots ktrummelt, all hun te Odem okhalle, ka Aag is truckl bliewe, ruff uff te Wääje, nei in te trekiche un muffiche Viehwaggone. To war ka Platz mee feersch Kreine, awwer aa net feer a Weidling voll Wäscht awwer a Wäljerholz, a Mulde un a Zäcker mit Wai. Nor a Zwetter un a Tuch, e wink Bettgwand, a Broodwascht un a Laab Brod. Te Säck mit Mäl un Getrade sain an te Station leie bliewe, mee Waggone full te Laat wegknumme.

Dehaam im Hoop hun de Hun gegautzt, te Kadder gemauzt, te Schoof geplöökt, te Hinkel gockert un te Watz im Saustall is uruhich hie in her gewetzt, Geil un Kieh hun unner sich ksaacht, hun ka Fudder un ka Stroo net krieht, netmol kseje, sain noot te nooch aikange, awwer kschlacht warn, vor H-Unger! Vieles is im freschen Frihjahrschwend te Doone veweht. Fun dett hot de aasiche Wend jo aa immer tem arme Mann in Ungern gebloose. Wie tes ungrische Lied schun saat: „Ha dunárol fuj a szél, szegény embert mindig ér, dunárol fuj a szél", was uff teitsch sofiel haast wie: Wan de Wend fun de Doone her pfaift, de arme Mann aa immer erraicht!"

Kann sain, liewer Jokob, wenn Te Tich ooweds hiehockst un lääst, tass mai Sektschier Dealekt etwas annesch is wie Tai Meknitscher. Obwaal unse Urahne net nor sprochvewandt sain gwest müsse, wall sunst net zu vesteje is, tass mai Urahn Johannes Oppermann aus Kosat pei Tainem Urahn Johann Wilhelm Justus in Meknitsch 1736 te Trauzeig gwese is. Awwer Tu tust ja aa schreiwe, tass te hessesche Dealekte schun so veschiede sain. Un in Meknitsch hun sich aa mee Hesse getroffe un te Sprooch hun sich vemischt. Un de Zaat is so kschwind kange un meer schreiwe tes in unsrem Rückkucke un hunn flaacht aa schun so manches nimmi so in unsem ahlde Kopp, wie tes to aansmool dehaam war, awwer kwese is.

Un te Sektschier sain späder fun annen Derfern te Schwäwisch Terkei khumme un to tezu waarn aa noch bei uns in Sektschi Ungern im Tarf un im Geperch. So tass sich tes aa noch zugmischt hot. So hun te Sektschier aa Werter uffknumme, te ganz sicher fum Ungrische kumme sain, wie Maksome un Bogratschkessel. Un Maksomestruhl esse meer heint noch gään zu am Bogratschgullasch aas em Kessel.

Un Tu fääscht mit Teine Bärbele te letzt Zaat jeds Johr nooch Dumwa-Gunarasch, net waat vun Meknitsch, tes se toomols, wu meer Buwe waan, grad uffkmacht hun, net nor weje tes Warmwasser un Baade, aa zum Maksomestruhl un Krautstruhl un Käsiche zum Gulasch. Aa um mit Rolf Domke beim Pheder Tiglmann und Rowert Glaub in Dumwa zum Meknitsch - awwer Heimaschbuch mache un aa noch alde Dealektwerter sammeln un sichte un uff te Computer laade, compusteern, wie meer aa an te Doos Autoakkus ufflaade tun.

Awwer ich sain krad zum Esse abkrutscht un sollde doch sicher liwwer fum Tringe schreiwe, un noch besser sollde ich driwwer rede un tes Glas uff Tain scheene Meknitscher Dealekt hewe un Tain Achtsichste. Tes is schuu loweswert un wät te Dealekthessen, de Emil Wider un de Professer Dingeldein, frein. Un awwer escht unsen Urahnlandsmann täts krawweln, de Johann Wolfgang fun Goethe, ter ksaht hot: „ ... alle Provinse liewe eeren Dealekt, wall er is tes ajentliche Element, in wellem de Seel eere Odem scheppe tut".

Un jetz hall ich awwer mai Odem oo, wall besser kann ich tes aa net schreiwe. Un sae un schreiwe zum Enn: Schreiwe weider in Tai Moddersprooch, unse Ur-Ur-Engelje wänns Teer aanst tange, wenn se zu Vestand kumme un wisse wolle, wer se sain un wu se herkumme sain. Un net nor te Meknitscher, Sektschier, Klamanoker un Dumwaer, naa, all te Nochfaahn ter Schwäwische Terke, tie, tie dehaam kepliewe sain, tie too sain, awwer aa tie, tie in aller Welt vestraat sain, wünsche Teer, liewer Jokob, mit Tai Bärbel, noch viel Joohr kuude Dealekt.

Un Pb-b xund!

Henrich

1)   *Diese Widmung erschien zum 80. Geburtstag meines aus Mekényes stammenden und gleichaltrigen Freundes, Prof. Dr. med. Jakob Justus in der „Neue Zeitung" Budapest, Ungarndeutsches Wochenblatt, und der in Sindelfingen erscheinenden „Unsere Post", der Heimatzeitung der Deutschen aus Ungarn.*

Bärbel Justus

Bärbel Justus, geborene Römer, wurde am 26. Januar 1938 in Aschersleben als Tochter des Ehepaares, Alwine und Alfred Römer, geboren. Sie ging in Aschersleben zur Schule und ins Gymnasium und legte dort 1956 das Abitur ab. In ihrer Freizeit durchstreifte sie mit ihrer besten Jugendfreundin, Ilse, die Stadt und die Umgebung, bis hinauf in den Harz und seinen Brocken, der da allerdings nur einseitig zugänglich war. Mit Ilse, die in Berlin lebt, verbindet Bärbel heute noch eine Freundschaft und sie telefonieren öfters (und lange!) zusammen.

Doch als heranwachsender blonder Brocken musste sie oft im Geschäft der Eltern, der Drogerie Römer, aushelfen, was sie auch gern tat. Unangenehm war ihr nur, wenn die jungen Männer ins Geschäft traten und ein Päckchen:

„...Sie wissen schon was",

oder nur kurz

„a Päckle Verhüterli, Freuleinchen"

verlangten und sie angrienten. Vor den immer wiederkehrenden Mannsbildern floh sie oft aus dem Verkaufsraum.

Von 1956 bis 1962 studierte sie Medizin an der Humboldt-Universität Berlin und an der Medizinischen Akademie Dresden. In den Hörsälen saß sie immer in der hintersten Reihe, und immer öfter mit Jakob zusammen. Eine Episode hat sich erhalten. Jakob fehlte zu einer Vorlesung. Das bemerkte auch der Professor, unterbrach kurz und rief:

„Da schaut's hie, die Blondine da hinten, kaum ist der Alte nicht da, schwatzt und schäkert sie schon mit dem nächsten Kerl."

Bärbel erhielt 1962 in Dresden die ärztliche Approbation und war danach als Assistentin an der MEDAK Dresden tätig. 1962 wurde sie unter Vorlage der Dissertation:

„ Über die sogenannten hyalinen Membranen bei Frühgeborenen"

an der MEDAK promoviert. Ihre Facharztausbildung erhielt sie an der Klinik und Poliklinik für Frauenheilkunde und Geburtshilfe. 1968 wurde ihr an der Akademie die Facharztanerkennung für Gynäkologie und Geburtshilfe erteilt. Und ab 1974 war sie Oberärztin, bzw. kommissarische 1.Oberärztin an der Frauenklinik der MEDAK. Und 1978 erlangte sie die Lehrbefähigung (Facultas docendi) für Gynäkologie an der Akademie.

Zu ihrer Assistenzausbildung gehörte ein mehrmonatiger Dienst in der Urologie, wo sie auch ihren Rufnamen „Justine" erhielt. Ihr Mann , Jakob, wirkte ja damals im gleichen Haus als Pathologe und wurde nur „Justus" genannt. Die diensthabenden Oberärzte schickten Bärbel oft zu Schnelleinsätzen bei Männern, wenn die ihr Urin-ablaufröhrchen, ihre Drainage, verloren hatten, es heraus gefallen war, oder die Männer gar absichtlich herauszogen hatten. Die Oberärzte grienten und bemerkten laut:

„Ja, Justine, da sind sie spezialisiert, helfen sie dem Mann, schieben sie ihm wieder eins rein".

Ihr waren solche Dienste peinlich und sind es heute beim Erzählen noch immer, wenn sie auch schon darüber lächeln kann.

Unter Vorlage der Wissenschaftlichen Arbeit zum Thema: „Klimakterium - Hypophysenhormone, Sexualsteroide und Lipoproteinmetabolismus - eine Studie zur Bewertung und medikamentösen Behandlung des klimakterischen Syndroms bei overektomierten Frauen" habilitierte sie sich 1986. Und 1987 wurde sie zur Leiterin der Abteilung für Geburtshilfe der Klinik und Poliklinik für Gynäkologie und Geburtshilfe ernannt. Am 1.2. 1988 wurde sie als Hochschuldozentin berufen und zu einem halbjährigen Studium an die Semmelweis-Universität Budapest delegiert. Zum 1.9.1988 erhielt Bärbel den Ruf auf den Lehrstuhl für Geburtshilfe, sowie die Ernennung als stellvertretende Direktorin der Klinik und Poliklinik für Gynäkologie u. Geburtshilfe der Medizinischen Akademie Dresden. 1992 schied Bärbel aus der Medizinischen Akademie Dresden aus.

Als Gynäkologin, Fachärztin für Frauenheilkunde, hat Bärbel, die Justine, viele Frauen, unzählbar viele, darunter auch prominente, und die von prominenten Männern und anderen Halbstars der Stadt, entbunden. Es waren weithin bekannte Herren aus Dresden, wie Theo Adam, Wolfgang Stumpf, Ludwig Güttler und Peter Schreier. Die singend, trompetend, albernd und / oder mit ernster Miene, fast bettelnd, verlangten, dass ihre Frauen nur von Frau Doktor, der späteren Frau Professor Justus, in der MEDAK entbunden werden sollten.

Die vielen Freikarten und andere Dankessouveniere, die sie von den vielen dankbaren Patienten erhielt, konnte Bärbel damals bei ihren mehrtägigen Schichten und Nachtdiensten gar nicht realisieren. Sie hat sie einfach weiterverschenkt.

Oft wird sie heute noch in der Stadt, bei Einkäufen oder bei Veranstaltungen gegrüßt und angesprochen, wird ihr die Hand geschüttelt, und Bärbel lächelt dankbar und auch artig, dankt allen ganz nett und fast verlegen, denn sie weiß meist gar nicht mehr, wer, wann, oder was und wo war.

Bärbel und Jakob haben zwei Söhne, Christoph, der 1965 geboren, und Sebastian, der 1969 geboren wurde. Sie unterstützten ihre Kinder großzügig bei ihrem Studium und bei der Schaffung ihrer beruflichen Existenzen. Sie standen ihnen auch mit finanzieller Hilfe und mit Rat und Tat bei der Gründung ihrer Existenzen, der Erschaffung und Ausstattung ihrer Häuser und Praxen zur Seite.

Dr. med. Christoph Justus, wohnt mit seiner Familie, Frau Ute, die ihm assistiert und den vielen und lästigen Schreibkram erledigt, und zwei erwachsenen Kindern, der Tochter Julia, und Sohn, Florian, in einem Heim mit Garten, in schöner Lage in Radebeul. Besser ist wohl jetzt, wohnte. Er und seine Frau Ute wohnen zwar noch dort, aber Tochter Julia, die Wirtschaftsmanagement studierte, ist verheiratet und wohnte in Leipzig. der umtriebige Sohn, Florian, zog aus und studiert seit Anfang diesen Semesters in Frankfurt am Main, wohin ihn gerade sein Vater schoffiert hat, um sicher zu sein, dass der Sohn auch gut platziert ist.

Dr. med. Christoph Justus betreibt seine Praxis als Allgemeinmediziner und Internist in Radebeul Ost. Er ist im ganzen Umkreis beliebt und weit und breit bekannt. Der ‚Herr Doktor', wie er nur angesprochen wird, kann sich darum von fehlenden Patienten nicht beklagen, so dass er eine Kollegin zur Hilfe rufen und anstellen musste. Sein Tagespensum reicht dennoch bis spät in den Abend. Zu seinem Ausgleich und seinem geistigen Herunterfahren dienen sein Garten, der schön angelegt und gepflegt wirkt, und seine regelmäßigen Besuche seiner Mutter in seinem Geburtshaus. Sein beliebtes Hobby sind sporadische Golfspiele im Bäderdreieck Birnbach-Füssing-Griesbach, zwischen Inn und Rott, wohin er zu den mehrmals im Jahr stattfindenden Weiterbildungsveranstaltungen als praktizierender Doktor in den Süden Deutschlands einberufen wird.

Sebastian, Dr. vet. med. S. Justus, ist praktizierender Tierarzt, mit Praxisräumen in Weißig und an der Strasse entlang der Elbe nach Pillnitz. Just an der Stelle, wo einst Wachwitz auf Loschwitz herabsah und sie sich dann doch später gemeinsam nach der Landeshauptstadt aufmachten. Er wohnt mit seiner Familie, Frau Marion und drei Kindern: Felix, Paula und Leopold, in der elterlichen Villa in Rockau und sieht, und manchmal, wenn schönes Wetter ist und die Bäume sie durchblicken lassen, sehen sie gemeinsam als Familie, auf die Elbe und die Stadt herab.

Die Tierarztpraxis in Wachwitz-Loschwitz hat er zur Zeit an seine ehemalige Mittierärztin verpachtet. In der Praxis in Weißig wird Sebastian von seiner Frau Marion assistiert. Nach anfänglicher Hilfe in der Praxis selbst, ist sie nun mehr für die schriftlichen Arbeiten zuständig. Zuweilen half auch seine Mutter, Bärbel, aus. Er meinte leicht lakonisch:

„Eine Gynäkologie Professorin, die so viel schreiende Frauen beruhigte, ihre winselnden Kinder ihnen in die Arme legte und ihre jammernden Männer und Väter der Frühchen beruhigt hat, kann auch mit winselnden Hunden und fauchenden Katzen."

Die Hauptbeschäftigung und Sorge Sebastians ist seine Städtische Tierarztklinik in Stetzsch-Cossebaude, nach der er jeden Tag schon früh unterwegs ist. In der Großfleischerei in Eschdorf muß er nach Trichinen schauen und ist von Weißig bis Radeberg und Großröhrsdorf in den Ställen bei den Bauern unterwegs und beliebt. Ein Glück für ihn und die Familie ist, dass er ein geräuschloser Frühaufsteher ist und ein begeisterter Autoliebhaber und Bastler. Und fährt das eine Auto nicht, so fährt das andere. Mutter ihrs steht auch die meiste Zeit herum. Und in die und aus der engen Garage muß er ihres ohnehin fahren. Auch zum Dellen ausbessern und Kratzer übertünchen muß Mutters VW-Golf ja bewegt werden.

Die untere Etage der Villa in Rockau bewohnten die Eltern, in der nun, nach dem Tod von Jakob (2015), Bärbel allein ist. Doch ganz allein ist Bärbel nicht. Sie hat noch ihren Enkel Leopold. Leo wurde an dem Tag, als sein Großvater, Jakob, starb, drei Jahre alt. Leo war Jakobs Liebling, sein Ein und Alles. Mit der kleinen, schlauen Plappergusche hätte Jakob seine große Freude. Der sechsjährige Enkel ist die Woche über voll beschäftigt. Vom Kindergarten wird er regelmäßig gegen 15 Uhr, meist von seiner Mama, Marion, abgeholt und an den Restnachmittagen ist er rundum beschäftigt.

Am Montag geht er in Begleitung seiner Mutter zum Training in Japanischer Selbstverteidigung, Aikido. Das ist eine Art Judo, wobei mit Wurftechniken und Haltetechniken der Gegner niedergehalten und ausgeschaltet werden soll. Und abends führt Leopold dann ganz begeistert seine neu erlernten Griffe, Verrenkungen und fuchtelnden Bewegungen, seiner Oma Bärbel, mit weisen Sprüchen begleitet, vor.

Dienstags besucht der Junge den Schlagzeugunterricht, wo er seine Unruhe in rhythmische Schlagbewegungen umsetzen kann. Mittwoch ist Omatag, da holt ihn auch Oma vom Kindergarten ab. Donnerstags hat Leo Fußballtraining, dabei werden besonders schnelle Antritte und Reaktionen, neben schnellen Ballabgaben trainiert. Leo wird vom Trainer für seine Übersicht und gute Ballverteilung als Spielmacher gelobt. Und könnte in Jahren einer der Großen Fußballer Dresdens werden, der die Dresdener dann aus der Abstiegsecke für dauernd holt. Freitag ist Papatag, da holt ihn Sebastian schon am Vormittag aus dem Kindergarten und sie sind dann gemeinsam auf Achse. Er wird dabei von seinem Vater liebevoll und spielerisch in die Tierwelt, ihre Heilung und seinen Dienst eingeführt.

Jeden Mittwoch also, wenn Sebastian langen Dienst hat, darf Bärbel Leo vom Kindergarten abholen. Und Leo kann dann mit der Oma Kaffeetrinken und Kekse knabbern und plappern und bei ihr spielen und endlos vom Kindergarten und seinen Erlebnissen mit seinen Betreuerinnen und den Kindern erzählen. Auch von seinen mehr sportlichen und Bewegungstagen erzählt er gern. Und er plappert spielend viel und sehr selbstbewusst und klug. Er schnappt alles, jedes Wort, jede Gestik, Mimik und Regung sehr schnell auf und plappert dann seiner Oma in wohl geformter Rede auch alles gern wieder vor

Bis dann gegen Abend seine Eltern von ihrem Dienst heimkehren und er ihnen freudig entgegen springt, und dabei in seiner großen Wiedersehensfreude auch schon mal vergisst, Oma gute Nacht zu sagen. Im Kindergarten hat Leo einen festen Freund, Hugo. Sie hängen wie Kletten aneinander, erzählt die Kindergärtnerin der Oma. Die Jungs sind aber sonst sehr anstellig und aufmerksam und bringen sich in der Gruppe gern kollektiv, und immer gut ein.

Dann hat Bärbel noch den Kater Piratus. Ihr schwarz-weiß gefleckter, alter, aber stattlicher Kater hat nur noch ein sehendes Auge und ein hörendes Ohr, das auch stark gebeutelt und geflickt ist. Ihn hat einst der Tierdoktorsohn in seiner Klinik in Weißig zusammengeflickt und, da die Besitzer ihn nicht wieder aus der Tierklinik holten, mit nach Hause gebracht. Mit dem verbundenen Auge sah der Kater da einem Piraten nicht unähnlich. Doch die junge Familie ist am Tage unterwegs, der Kater blieb allein und die zwei Alleingelassenen freundeten sich an. Und Piratus hat Bärbel bevorzugt. Auch, weil er in der jungen Familie mit einem jungen Hund, einem noch kleinen, niedlichen, Gio, Konkurrenz bekam.

Der kleine Hund Gio, ein Landseer, das ist eine Art Neufundländer, deutscher Herkunft. Dieser kleine niedliche Hund misst mittlerweile seine 70 Zentimeter in Risthöhe und drückt an die siebzig Kilogramm auf die Waage. Es ist ein stattlicher Landseer, so wie er in den Büchern über Hunderassen beschrieben ist. Wenn er an der Ausführleine anzieht, weil ihm und seiner Herrin, Marion, oder seinem Herren, Sebastian, ein Hase oder eine Katze übern Weg läuft, kann ihn selbst der stärkste Hundebesitzer, wie sein Herr und Gebieter, der Veterinärmediziner Dr. vet. med. Sebastian Justus, doch einer ist, kaum halten. Ansonsten ist Gio ein treuer und zuverlässiger Wachhund. Einer, der seinen Mitbewohnern gern entgegen springt, und mit Anlauf umspringt, wenn sie die Hände grad voll haben.

Gio wuchs im Haus der Familie vor einem Jahr heran, ist größer und größer geworden und ward viel fetter, zottiger und größer als ein Kalb. So, dass selbst das Katz- und Mausspiel, das einst Pontius-Pilatus durch überspringen des Hundes gewann, später nicht mehr mit ihm spielen konnte. Nur weil Pilatus älter wurde und der Anlauf zum Überspringen des Hundes nicht mehr reichte. Also umging, oder besser noch, überging und hinterging er den Landseer Hund, den langzottligen Gio, und schmeichelte sich bei Oma Bärbel Justus ein.

Pilatus nenne ich den alten und treuen Kater, weil er alle heranrollenden Familienautos schon von weitem identifiziert, Pontius und Pilatus kennt und auch mich und das Gebrumm des A4 eindeutig von dem halben Dutzend Brummer der Familie unterscheiden kann. Ja, schon gut kennt und mir sogar entgegenkommt, oder gar schon am Tor sitzt, wenn ich aus dem Auto aussteige. Dann läuft er vor mir, vom Garteneingang bis zur Haustür, den asphaltierten Weg hinunter, umstreicht mich und läuft in die Stube, springt auf den Hocker, eben vor dem Sessel, den ich dann einnehmen soll.

Sein Gehör scheint also trotz lädiertem rechten Ohr gut zu sein. Selbst einen Teil seiner vorderen Zähne verlor der Kater bei seinem Überlebenskampf bei seinen einstigen Besitzern. So schiebt er seine festen Nahrungsmittel im Fressnapf so lange mit der Schnauze hin und her, bis er sie mit der Zunge und den Restzähnen greifen und verschlingen kann. Die Familie klagt oft über sein Erbrochenes und auch seinen Durchfall, was aber wohl auf seine mangelnden Zähne, mehr, als auf verdorbenes Katzenfutter zurückzuführen ist.

Und dann hat Bärbel auch noch mich. Aber das ist ja eine andere, oder gar die Geschichte. Doch diese hier kennt sie noch nicht. So kehren wir also nochmals kurz zu ihr zurück. Unter ihren Kollegen und Mitarbeitern, besonders dem Pulk der Schwestern der Geburtshilfe, der Gynäkologie der MEDAK, war sie sehr beliebt. Aber auch bei ihren zahlreichen Patienten, deren Schreien sie beim Einsetzen der Wehen, das erste Winseln ihrer Kinder und die Nervosität und das Gejammer deren Ehemänner, sie oft erlebt und ertragen hat und ertragen musste, ist sie beliebt, wird geachtet und verehrt.

Und zahlreiche Publikationen, Ehrungen und Mitarbeiten in Gremien und Gesellschaften der Medizin belegen die wissenschaftlichen Arbeiten und das medizinische Wirken von Frau Prof. Dr. med. habil. Bärbel Justus. Eine besondere Ehrung für sie war die Verleihung des Helmut-Kraatz-Preises der Charité Berlin, im Jahre 1988.

Rolf Domke[1]

Mit Rolf Domke aus Reutlingen sind wir seit Jahren, als ich unter Zuarbeit meiner Schulfreunde, Konrad Lötz und Heinrich Sommer, und der Mitarbeit und Zusammenarbeit mit Rolf, die Dorfchronik (Teil I) und das Familienregister (Teil II):

„Kaposszekcsö / Sektschi,

eine deutsche evangelische Gemeinde in Südtransdanubien -

Komitat Tolnau, 1775-1948"

im Jahre 2015 erarbeitete, befreundet.

Rolf Domke hat die genealogischen Daten des Dorfes Kaposszekcsö von 1775 an zusammengetragen und die Bilder gestaltet, ich war mehr für den verbalen Textteil zuständig. In stetiger und aufopferungsvoller Kleinarbeit hat er die Daten aller Deutschen aus Sektschi aus Kirchen- und Gemeindebüchern von Orten, wo überall Sektschier einst geführt wurden, erfasst. Die Basis dazu schuf Georg Müller, Pécs / Fünfkirchen, geboren in Izmény / Ismi, mit seinem Buch IZMÉNY. Rolf hat die Daten der jeweiligen Personen, deren Geburt, ihre Eltern, ihrer Heirat und ihres Todes erfasst. Und so kann der Weg vieler Ahnen von der Urheimat Deutschland, vor deren Auswanderung nach, und ihres Weges in Ungarn, bis zu ihrer Vertreibung 1948 aus Ungarn, im Detail verfolgt werden.

Die Dienste von Rolf Domke will ich auch hier noch einmal herausstellen, sind sie doch umso höher zu schätzen, als seine Wiege fernab von der Schwäbischen Türkei, in Frankfurt an der Oder stand. Durch seine liebe Frau Anna, die in Tékes als Anna März geboren wurde und leider zu früh (1913) verstarb, mit der er oft nach der Wende deren Geburtsheimatland und Geburtsort besuchte, kam er mit den Ungarndeutschen und ihrer Geschichte in Kontakt und lernte sie und ihre Schicksale kennen und blieb ihnen bis heute treu.

Nachdem Georg Müller die Dorfchronik und Familienregister IZMÉNY / Ismi (2002) herausbrachte, haben Rolf Domke und

Heiner Müller, in Mitwirkung von Georg Müller, TÉKES / Tekisch (2006) und NAGYÁG / Ag (2007) herausgebracht. Mit Jakob Justus hat Rolf MEKÉNYES / Meknitsch (2012) und HAJMÁS / Haimasch (2013) fertig gestellt und herausgebracht und danach mit mir KAPOSSZEKCSÖ / Sektschi (2015). Zusammen mit Peter Tiglmann ist MÁGOCS / Magotsch (2017) in Arbeit und mit Klaus Ruff arbeitet er zur Zeit (2018) an HEGYHÁTMARÓC / Marotz und auch noch mit Peter Tiglmann zusammen an CSIKOSTÖTTÖS / Tiedisch, dem Nachbarort von Kaposzek-csö.

Durch die Erarbeitung von „Kaposszekcsö" begann 1911 unsere Bekanntschaft mit Rolf Domke und wuchs sich schnell zu einer treuen und zuverlässigen Freundschaft aus und währt bis in diese Geschichte hinein.

Rolf Domke ist am 22.5.1941 in Frankfurt an der Oder, der damaligen Dammvorstadt Frankfurts, die heute zu Polen gehört, geboren worden. Seine Eltern, Emma Luise, geborene Nowitzki, und sein Vater, Kurt Willi, wurden vor der heranrückenden Front zwangsevakuiert, da die Stadt Frankfurt an der Oder selbst am 27.1.1945 zur Festung erklärt worden war. Die Familie Domke kam nach Chemnitz, der damaligen Ostzone, und ging im Februar 1945 nach Gaithain, der Amerikanischen Zone. Nach dem Länderaustausch der Alliierten aber, im Juli 1945, übergaben die Amerikaner Teile von Sachsen, Thüringen (und damit auch Gaithain) und Mecklenburg im Austausch für einen Teil Berlins, der dann Amerikanischen Zone, und sie kamen so wieder in die Sowjetische Besatzungszone.

Rolf wurde 1948 in Gaithain eingeschult, sie zogen 1950 nach Leipzig, und 1951 nach Berlin Niederschönhausen und flohen 1957 nach Westberlin, Lager Marienfelde. Sie gelangten 1957 über das Lager Backnang nach Seeburg in Baden Württemberg, wo er die Grundschule abschloss. 1958 begann Rolf eine Mechanikerlehre, ging 1962 zu einem zweijährigen Militärdienst, heiratete 1964 die in Tékes / Ungarn am 3.11.1935 geborene Anna März, in Reutlingen, wo auch die Kinder Christine, Klaus Peter und Michael und seine sieben Enkelkinder geboren wurden. Seine Frau, Anna, verstarb 2013 in Reutlingen.

Rolf arbeitete viele Jahre bei der Firma Bosch als Einsteller, als Meistergehilfe und als Werkstattmeister. Er ging 1964 als Angestellter zur Bundeswehr, war Ausbilder und dann nach Stellenplanänderung Beamter im Fraunhofer Institut in Tübingen und wurde 1990 nach Stuttgart, als Bereichsmeldeführer, versetzt. Im Zuge der Verkleinerung der Bundeswehr wurde er 1996 pensioniert.

Auf der Suche nach Vorfahren seiner Frau, Anna, die in Tékes / Ungarn geboren wurde, kam Rolf 2005 mit Georg Müller in Pécs / Fünfkirchen, der in Izmény geboren wurde, in Kontakt und beschäftigt sich seit dem mit Ahnenforschung, wie oben beschrieben. Und Rolf Domke ist, neben Georg Müller in Pécs, einer der gefragtesten und kundigsten Sachkenner zu Fragen der Ahnen der Ungarndeutschen in der einstigen Schwäbischen Türkei und deren Daten.

1)   *Rolf Domke u. a.; TÉKES, eine deutsch-ungarische Gemeinde in der Branau, Selbstverlag, Pécs 2007*

Meine Familie

Die Geschichte meiner Familie ist zum Teil schon beschrieben. Feodora, meine Frau, und Sohn Uwe, beschrieb ich in: „Die vergessene Schokolade"[1], aber auch in früheren Geschichten meiner Bücher, wie in „Die Enkel der Donauschwaben"[2] , in „Erinnerungsgarten"[3] und auch in den „Jergescher Geschichten"[4]. Sie sollen deshalb auch nur zusammenfassend vorgestellt werden. Hier sollen mehr meine drei anderen Kinder, Petra, Bodo und Heike, und auch deren Familien, kurz zu ihrem Recht kommen. Aber schön der Reihe nach und in unterschiedlicher Ausführlichkeit, wie es halt kommt.

Nicht zu jedem fallen mir seine Jugendstreiche und die Jugendsünden ein, die es bei jedem und sicher in reichlicher Zahl gab. Viele ihrer kleineren oder größeren Schandtaten sind uns als Eltern nicht bewusst, schon gar nicht mir als Vater bewusst geworden. Vor ihrer Mutter haben sie ja manche kleine Beichte abgelegt, die größeren sind uns erst von ihnen in ihrem Erwachsenenalter, anläßlich mancher Geburtstage oder anderer feierlichen Anlässe bekannt geworden, wenn sie vor der versammelten Familie oder auch der Gäste mit ihren Geständnissen herausrückten, sich gar hervortaten, was für brave Kinder sie doch waren.

Die eine oder andere kleine Episode ist mir in Erinnerung gekommen, einige sind von ihnen schon mal erzählt, einige von Uwe auch aufgeschrieben worden, so dass die Unschuldslämmer sich gar nicht so unschuldig erwiesen. Doch auch diese „Schuldgeständnisse" und „Eingeständnisse" sind verjährt und nicht mehr justiziabel, Kindheits- und Jugendsünden, kleineren und größeren Grades.

Einige der begangenen „Taten" von Uwe, die er selbst niederschrieb und ich in: „Die vergessene Schokolade" mit aufgenommen habe, waren schon grenzwertige Jugendstreiche und wären im Falle ihres Erkennens oder Endeckens justiziabel geworden und für mich als Vater peinlich bis blöd ausgegangen. Aber es ging alles gut. Und der „Haupttäter" und „Anführer" unserer Kinder, Uwe, ist schon tot. Leider, sehr jung verstorben.

1)   Heinrich Oppermann; Die vergessene Schokolade - Feodora, BoD - Books on Demand, Norderstedt, 2018
2)   Heinrich Oppermann; Die Enkel der Donauschwaben, ebenda, 2007
3)   Heinrich Oppermann; Erinnerungsgarten, ebenda, 2013
4)   Heinrich Oppermann; Jergescher Geschichten, August von Goethe Literaturverlag, Frankfurt A.M., 2017

Feodora

Meine Frau, Feodora, wurde 1931 in Bautzen geboren. Ihr Vater, Kurt Büttner, starb 1940, als sie neun Jahre alt war, ihre Mutter, Gertrud, geborene Fricke, schlug sich mit ihrer Tochter durch die Jahre des Krieges (1939-1945) und die Nachkriegsjahre, bis die Tochter erwachsen war, hindurch. Ihr großer Bruder, Martin (1921-1998), war diese Jahre über bei der Armee. Fee erlernte den kaufmännischen Beruf. Wir heirateten 1954 und hatten und zogen vier Kinder groß. Uwe (1955-2007), Petra, geb.1958, Bodo, geb. 1960 und Heike, geb.1962.

Ab 1960, nach unserem Einzug in unsere Vierzimmerwohnung in Dresden, bis 1967, sorgte sich Feodora um die Erziehung der Kinder und unseren Haushalt. Ab September 1967, bis zum Erreichen ihres Rentenalters 1991, arbeite sie als Sekretärin in der Hochschule für Verkehrswesen, heute Hochschule für Technik und Wirtschaft, am Lehrstuhl für Verkehrsrecht. Als Sekretärin war sie für die Terminplanung der zwei Professoren: Bergner und Teuchert, und der Dozenten Becker und Lange und deren zeitweilige Assistenten und dem Schreiben deren Lehrbriefe zuständig.

Feodora war ein Familienmensch, aktiv und um ihre Familie besorgt. In unserem Freundes- und ihrem Kollegenkreis war sie sehr beliebt und sorgte sich auch sehr oft um gemeinsame Unternehmungen, Besorgungen und Veranstaltungen. Die Krankheit unseres großen Sohnes, Uwe (ab 2005 verstärkt), hat sie mit besonderer Fürsorge begleitet, was ihre körperlichen Kräfte und Psyche stark forderte. Und sein Tod schließlich, 2007, hat sie seelisch aus dem Gleichgewicht gebracht. So, dass Partnerschaften der Enkel, ihre Hochzeiten und die Geburt der Urenkel sie mental immer weniger und alsbald gar nicht erreichten, sie immer öfter deren Kennen verneinte. Die Urenkel waren ihr völlig fremd. Damit einher gingen Zerstreutheit und Selbständigkeitsverlust und das führte dann schließlich zur Unsicherheit und nach Fantastereien zum Demenzsturz und ihrem Tod.

Telefonfee, Beschaffungs- und Urlaubsfee

Als ehemalige Kaufmännische und Buchhalterin in Bautzen, und spätere Sekretärin in Dresden, war eine ihrer Leidenschaften das Telefonieren. Und sie schaffte es in der Arbeiter-Bauern-Mangelzeit, dass wir einen Telefonanschluß erhielten, zu Zeiten, wo nur auserwählten und treuen DDR Bürgern ein Anschluss zustand.

Und ihre Telefonitis brachte der Familie und den Freunden Vorteile und Gewinn. Mit dem Erbeuten, Ertelefonieren eines Telefonanschlusses ist schon eine organisatorische Seite angerissen. Doch die Tragweite war weiter und reichte über Berg und Tal und Seen, ja sogar über dichte Grenzen.

Fee schaffte es, dass wir jedes Jahr einen Urlaubsplatz in einem preiswerten und kinderreichen Ferienheim hatten. Sie sprach, telefonierte von Kollegin zu Kollegin im Gewerkschaftshaus auf der Ritzenbergstrasse in Dresden, ging hin und trank mit den Kolleginnen Kaffee, und nahm auch schon mal ein Tante Dorle Westpäckchen mit. Und wir erholten uns, auch von diesen ihren Strapazen, in Oberhof, Schierke, Stollberg, Zingst, Zinnowitz, Heringsdorf und Ahlbeck und anderen vornehmen Gewerkschaftsheimen. Hin und her fuhren uns die Gewerkschaftsnachtsfahrbusse. Bis wir dann trabbieng und ein Jahr später skodaweich fuhren.

Autobestellung in der DDR

Nur in zwei Situationen hat die Telefonierorgkunst von Fee leicht versagt. Nach knappen zwölf Jahren Bestellzeit auf einen Wartburg musste unsere Bestellnummer endlich dran sein. Fee besuchte wiederholt die Bestellverwahrungskollegintante auf der Königsbrücker Straße in Dresden. Immer mit einem Päckchen Kaffee (West, von Tante Dorle) in der Tasche. Doch als wir dann dran waren und Fee das Päckchen leid tat und nicht über den Tisch reichen konnte, konnten wir auch nur einen russenzaungrünen, und nicht, wie wir wollten, ockerbraunen, Wartburg von der Bremer Straße fahren.

Das zweite Telefonversagen Feodoras lag noch vor dem ersten. Das Telefon klingelte, Fee meldete sich mit:

„Oppermann hier", und die Dame am anderen Ende:

„Ist dort bei Professor Oppermann, Dresden? Hier ruft Genex, Berlin, ich beglückwünsche sie zum neuen Wartburg. Ihr Gatte kann seinen Genex-Wartburg abholen und die Farbe sich selbst bestimmen".

Fee war überrascht:

„Irren sie sich da nicht, ich kann mir nicht vorstellen, dass mein Mann einen Genexwagen bekommt, von wem denn?"

Die Genexglücksfee fragte zurück:

„Ja, bin ich denn nicht bei Professor Günter Oppermann, in Dresden?" Und Fee erschrocken zurück:

„Nein, mein Mann ist Professor Heinrich Oppermann."

Und die nette Dame am anderen Ende hat ganz schnell und seufzend aufgelegt.

Am Abend, ich war noch nicht zur Türe herein, erzählte mir Fee, noch ganz aufgeregt, ihre Telefongeschichte. Meine schelmischen Vorwürfe:

„Ja konntest du denn nicht schneller reagieren, sie hatte doch keinen Vornamen gesagt und ich hätte als Professor Oppermann in Berlin schon den Wartburg in Empfang genommen!"

Das nahm Feodora sich so zu Herzen, dass sie nächtelang nicht schlafen konnte.

Uwe und Familie

Uwes Geschichte will ich hier etwas breiter erzählen. Er lernte nach der Grundschule Koch, lernte Bärbel Frenzel kennen, die auch Köchin war, und die beiden heirateten 1977. Ihr Sohn Sven, wurde 1978, ihr Töchterchen, Claudia, 1980, in Dresden geboren. Uwe und Bärbel übernahmen Ausgang Sommer 1984 in Wildenhain, bei Mockrehna, nahe der Dübener Heide und unweit von Leipzig, die Dorfgaststätte. die sie Jahre lang erfolgreich betrieben. Ihr Start in Wildenhain war zu einer denkwürdigen Zeit, denn Sven wurde Tage darauf eingeschult und ich wurde am gleichen Tag an die TU Dresden berufen.

Doch schon 1987/88 ergab sich, dass die gastronomische Betreuung im Ferienheim vom VEB Elektrowerk Dresden in Oberbärenburg frei wurde. Eine Möglichkeit, in die Nähe von Dresden zurückzukehren. Doch ein Jahr nach der Wende, wendete sich auch ihr Leben. Das Betriebsferienheim, das sie in Oberbärenburg im Osterzgebirge leiteten und gastronomisch betreuten, wurde geschlossen, der Betrieb wurde von der Treuhand abgewickelt.

Sie wendeten sich der Stadt zu, fanden eine Wohnung und alsbald eine Beschäftigung in Dresden. Er in einer Großmarkthalle, sie in einem Pflegeheim. Die Kinder gingen zur Schule. Sein Traum war aber eine selbständige Gastronomie. Es sollte etwas Ungarisches sein. Die Ahnen schauten durch. Geld dazu hatte die Familie nicht. Ein Kleines Geschäft mit ungarischen Produkten? Sie versuchten es, er mehr als sie, mit stillen Teilhabern. In ihrer Wohnnähe waren bald Räume gefunden, in Eigeninitiative hergerichtet, eingerichtet, das Geschäft eröffnet.

Ungarische Waren, nur in geschlossenen Behältnissen: Weine, Spirituosen, Gläser und Dosen und Pasten aller Art, verpackte Salami, edel und scharf. Das Ambiente stimmte, das Sortiment auch. Er freute sich, dass er es geschafft hatte. Doch da wurde die Strasse aufgerissen, ein Jahr lang neu gemacht und geteert und die Kunden fanden den Weg nicht zu seinem Laden und blieben weg. Da blieb auch seine Frau, Bärbel, weg. Sie konnte das nicht mehr mittragen, dass immer mehr ausgegeben, als eingenommen wurde. Sie trennten sich, wurden geschieden. Die Kinder waren erwachsen, liefen ihre Jugendfährten.

Mit Bodo (zweiter Sohn und Bruder) wollten wir als Teilhaber ihn und den Laden retten, wollten aus der Misere und über die Zeit helfen. Es nützte nichts, er verschuldete sich immer mehr, wir verloren immer mehr und schließlich auch den Laden. Zurück blieb ein hoffnungsloser Sohn und Bruder und ein Berg von Schulden. Da gab er auf.

Zwischenzeitlich haben ihn Frauen getröstet, bei ihm ausgeholfen zuweilen, und eine fing ihn ein und in ihrem Bett und in ihrem Haus auf. Er hatte so eine Tochter und einen Tochtermann und Enkelsohn dazu gewonnen, die Eltern der Frau lernten ihn schätzen. Hof und Garten wurden neu hergerichtet, gepflastert, Garage, Brunnen, Grillecke und Räucherkammer gebaut.

Bei einem Getränkelieferant in der Nähe des neuen Zuhauses, fand er einen Arbeitgeber. Er musste Paletten stapeln und umstapeln. Die Kästen waren schwer, sie waren auf- und abzuladen, der Kundenkreis war weit, er musste kilometerlange Fahrten absolvieren. Er brachte sich ein und schonte sich nicht im neuen Zuhause, nicht im Getränkediscounter. Er traute sich alles zu, man traute ihm alles zu, man vertraute ihm, er war zufrieden und heiter.

Da bekam er Schmerzen in der Brust. Er ging zum Arzt: Röntgen, MRT: Brustkrebs, Krankenhaus!

Als er aufwachte, wollte sein Bettnachbar wissen, wie es ihn denn erwischte.

„Mit einem Druck unter der Brust, einem leichten Knoten, der anfing zu schmerzen, ging ich zum Arzt. Tage später lag ich hier im Krankenhaus. Morgen soll ich drankommen. Und wo hat ER dich?"

„ Mich quält ER weiter unten, aber ER ist schon weg, ich bin schon operiert. Doch denk ja nicht, dass es hier so glatt und freundlich zugeht, wie in der Fernsehserie „In aller Freundschaft". Hier sind die Töne nicht so sanft, bläst der Wind rauer, kühler."

„Das soll mich heute nicht trüben, wichtig ist mir nur, sie nehmen mir DEN."

Tags darauf, noch matt nach dem Eingriff, verschlafen:

„Hab ich IHN los?"

„Hörn wir mal, die Visite kommt gleich",

stöhnte das Nachbarbett. Und der Chefarzt beruhigte ihn:

„Wir haben die betroffene Stelle komplett, und gleich mehrere Lymphknoten mit, entfernt. Mit hoher Sicherheit sind sie wucherfrei und nach einigen Bestrahlungen im Universitätsklinikum und drei Wochen Reha sind sie wieder fit für alle Spielarten des Lebens."

Er wähnte sich geheilt. Doch schon nach drei Jahren lag er im selben Krankenhaus, neben demselben Bettnachbarn. Als ich ihn wieder besuchte und wir beim Griechen um die Ecke bei einem Bier saßen, herrschte wieder ein lockeres Hoch.

„... und mit dem Oberarzt stehe ich zu mancher Rauchpause auf dem Balkon, der ist echt hemdsärmlig, ein richtiger Kumpel und tut sein Bestes. Der hat sein Kontingent an Chemie längst überschritten und ficht in einem zweiseitigen Kampf, auch gegen die Verwaltung. Könnt ihr als Chemiker nicht bald was Gescheites gegen DEN erfinden? Obwohl ich denke, nach der nächsten und letzten Chemo werde ich als geheilt entlassen."

Er schrieb Geschichten in seinen Laptop in der Garage. Da hatte er sich häuslich und warm eingerichtet, weil nach Jahren die Wärme im Haus bei Charlotte ihm mehr und mehr entzogen wurde. Der Alkoholduft breitete sich immer mehr aus und sein Pegel erhöhte sich nachts immer öfter. Sie ging zur Entziehungskur. Sein Zuhause unterkühlte und er schrieb gegen die Kälte und gegen den Alkohol seiner Charlotte an. Er schrieb Geschichten aus seinem Leben, lustige Begebenheiten. Und schrieb und schrieb:

„Habe ich den KERL besiegt, so werde ich auch diese Eiseskälte überwinden!"

Doch es ging nicht. Mit seinem Schäferhund Foxi und seinen restlichen Habseligkeiten zog er in die Stadt zurück. Im Vorrichten war er erfahren, Freunde und Schwager halfen und schnell war er wieder häuslich eingerichtet, für sich und seinen Hund. Er konnte nicht lange allein sein und ging ins Netz. Eine Gleichgesinnte mit Hund und Haus kam ihm darin entgegen und sie angelten sich gegenseitig heraus. Als Vater wollte ich etwas bremsen, doch er war ganz Feuer und Flamme:

„So eine Frau, so einen Sex habe ich selbst in meinen stärksten Jugendzeiten nicht erlebt."

Die wenigen Habseligkeiten fanden im neuen Haus ihren Platz, die Hunde vertrugen sich, eine zweite Hundehütte war schnell errichtet, der Garten neu gestaltet. Ein Partyraum im Keller folgte, und nette Stunden darin. Er war ein geschickter Handwerker und guter Hausmann. Er verlebte einen schönen Sommer neben seinen Hunden auf der Wiese an seinem Laptop und an der Seite der einfühlsamen Frau. Doch ER und seine Hunde bremsten ihn auf der Wendeltreppe im Haus von Marion aus. Er stürzte die Treppe herunter

Bei seiner Schwester Heike und seinem Schwager Karsten im Pflegeheim in Weißig hatte er ein schönes Einzelzimmer mit weiter Aussicht über die gärten in die Heide. Sein treuer Laptop stand auf dem Tisch am Fenster, sein treuer Hund konnte leider nicht mit ins Heim. Die Geschichten, die er weiterhin schrieb, beanspruchten nun mehr Zeit und wurden kürzer, ihre Ruhezeiten länger. Seine Schwester und sein Schwager und deren Schwestern schauten öfter zu ihm herein und ermunterten ihn zum Schreiben. Seine Geschichten kursierten im Haus, man fand sie lustig, sie wurden gern gelesen. Aber seine Kraft konnte seinem Wollen nicht folgen, nur die Ausfahrten im vierrädrigen Stuhl hoben ihn etwas an und männliche Gespräche.

So berichtet sein Laptop vom Besuch seines ersten Schwagers, Henning, wie gut ihm dieses Gespräch tat.

„ Ein echt männliches, fast heiteres Gespräch mit Henning, seine Frau litt an den gleichen Vaterproblemen, wie die Mutter meiner

Kinder. Und ihre Ehe leidet ähnlich darunter, besonders aber unter dem tragischen Tod ihres Sohnes."

Nach meinen Geschichten erkundigte er sich bei jedem meiner Besuche, wie weit mein Buch: „Die Enkel der Donauschwaben" denn sei, er würde es doch gerne bald lesen. Er lese zwar auch die erschienenen Einzelgeschichten, aber das sei doch nicht dasselbe. Und wir tranken ein Bier auf die baldige Drucklegung und darauf, dass auch ihm die Geschichten wieder am und aus dem Laptop fließen mögen, aber ihm floss und mundete an dem Tag nur ein halbes Glas.

In der paliativen Station des Sankt-Josef-Stifts hielt er an unserem Hochzeitstage mein Buch: „Die Enkel der Donauschwaben, Geschichten aus zwei Heimaten", in seinen Händen und gratulierte mir zu diesem Tag und dem Buch. Er war heiter, scherzte und erinnerte an den 50. Hochzeitstag, der mit so viel Engagement, Überraschungen und Frohsinn aller verlief.

„Ich muss das ganz schnell lesen, denn ihr wisst auch, diese Station ist meine letzte, doch das Buch will ich noch schaffen."

Tags darauf rief die Stationsärztin aus der Paliativen „seine Liebsten" an sein Bett. Mit brüchiger Stimme und letzter Kraft hauchte er seiner Tochter und Mutter noch etwas zu. Die Worte blieben unverstanden. Die Kerze auf dem Nachttisch flackerte. Die linke Hand in der seiner Mutter, die rechte in der seiner Tochter, mit Blick zu seinem Sohn, Sven, und dann zu mir, erlosch das Licht seiner Kerze. Die „Enkel der Donauschwaben" lagen neben ihm im Bett.

Auf dem kleinen Friedhof, nahe der hochgesetzten Kirche mit den sparsamen Jugendstil Ornamenten, am Rande der Stadt, wo er manche Stunde des Ausflugs aus dem Pflegeheim gerne verweilte, steht ein kleiner Stein mit einem kleinen Kreuz und seinen Daten. Und darunter:

„Er liebte das Leben".

Hier will ich zwei Geschichten von meinem Sohn, Uwe, einfügen, die ich in seinen zahllosen Aufzeichnungen fand. Sie waren teils handschrift-

lich, teils mit Computer geschrieben oder copiert und waren an den un-
terschiedlichsten Stellen verwahrt worden. Einige davon sind an Dorle
K. und Rudi R, unsere Freunde in Hövelhof, gegangen, wovon er aber
offensichtlich Kopien behalten hatte. Die Geschichten habe ich in ähnli-
cher Aussage in „Die vergessene Schokolade - Feodora" beschrieben.
Zwei davon bringe ich hier zum Beleg, dass Uwe durchaus Talent zum
Erfassen von Geschichten und zum Schreiben hatte, es aber durch seine
Krankheit leider nicht zur Vollendung bringen konnte.

Der Lampenschirm

Es war einmal, so fangen alle Märchen der Gebrüder Grimm an. Aber dieses hier ist kein Märchen, sondern eine wahre Begebenheit in unserer Zeit. Also, es war 1965. Wir waren vier Geschwister. Ich, Uwe, war 10, Petra 8, Bodo 5 und die kleine Heike war 2 Jahre alt und wir waren alleine zu Hause. Wir machten, wie öfters schon in unseren Betten im Kinderzimmer, eine Kissenschlacht in der Wohnstube. Und plötzlich traf ein Schuss, meines geliebten Bruders Bodo, die Wandlampe über dem Esstisch und sie zerplatzte in mehr als tausend Stücke.

Wir waren geschockt und alle vier wie zu einem festen Knaul erstarrt. Als sich unsere Erstarrung löste, war uns klar, ein neuer Lampenschirm musste schnell und unauffällig her, aber wie!? Wir plünderten unsere Spardosen und es ergaben sich knappe 6,00 M der DDR. Und ich, mit meinen damals fast 10 Lenzen, stiefelte ins Centrumwarenhaus, um einen neuen Schirm zu besorgen. Leider gab es in der DDR nicht alles was man wollte, und so war es nicht verwunderlich, dass es diese Lampenschirme nicht mehr gab. Guter Rat war teuer. Was tun?!

Ich musste vier neue Schirme besorgen, da ja die vom Esstisch die Gleichen waren. Das Stück für 1,67 M der DDR, machte nach Adam Riese 6,68 Mark. Aber ich hatte nur 6,00 M einstecken. Also die Prager Strasse zurück gerannt und noch siebzig Pfennige geholt. Noch einmal ins Centrumwarenhaus, die Lampenschirme gekauft, heim und die Schirme ausgetauscht. Die alten haben wir im Keller versteckt, ich glaube sie liegen heute noch dort. Unsere Eltern hatten nichts gemerkt.

Mutter bemerkte nur einmal beim Abendbrot, dass es jetzt etwas heller in der Stube sei. Schwesterchen Petra meinte darauf schnell und trocken, sie hätte endlich mal die Lampenschirme geputzt, das sei wohl mal fällig gewesen. Das brachte ihr sogar ein Lob ein und schützte uns vor peinlichen Erläuterungen. Ja, so sind Geschwister, wenn sie noch an einem Strang ziehen und zusammenhalten, wie bei: „Guten und Schlechten Zeiten". Leider ist das nicht für immer so geblieben.

Für Geschichten und Anekdoten hatte Uwe ein besonderes Fable, die er auch gern bei geselligen Anlässen vortrug, so auch die folgende.

Markttreiben einmal anders[1]

In Bautzen hat sich 1965 folgende Geschichte zugetragen:

Jeden Sonnabend war Markt vor dem Dom, exakt zwischen dem Dom und dem alten Rathaus. Später fand dieser Markt auch vor dem alten Rathaus statt. Und es kamen immer allerlei Händler aus der Stadt und aus dem näheren Umfeld der Stadt Bautzen. Und die Bauern boten wöchentlich einmal ihre Waren feil. Unter anderem war da auch ein Fleischer, mittleren Alters, welcher ein großer Schelm und Hallodri war.

Auf dem Markt gab es auch eine Butterfrau, die ihre selbstgemachte Butter, lose Butter, also nach Gewicht, verkaufte. Und selbige Händlerin war etwas rundlich, jedoch ihr Mundwerk etwas spitz, vielleicht auch etwas lose, geradezu locker. Der Fleischer, der Schelm, schnitt ein Schwänzchen vom Schwein ab, knöpfte es sich in den Hosenschlitz, machte die Schürze darüber und ging so zu der etwas vorlauten und geschwätzigen Butterfrau.

Er fragte sie, ob sie ein kleines Stück Butter für ihn hätte, da er sich sein bestes Stück entzündet habe. Die Butterfrau mit dem großen Maul antwortete, sie habe aber nichts zu verschenken, auch kleine Stücke nicht. Und sie setzte noch nach, schon gar nicht für Schweinereien. Der gewitzte Fleischer nahm die Schürze hoch und tat, als ob er sich sein bestes Stück abschneide, und haute es der Butterfrau auf ihren Butterberg.

Die Butterfrau wurde erst leichenblass, dann ohnmächtig und fiel schließlich neben das abgeschnittene Schweineschwänzchen in ihren Butterberg und rutschte sodann, gut geschmiert, unter ihren Stand.

Der Fleischer wurde von der Marktpolizei ergriffen und ging wegen Erregung öffentlichen Ärgernisses sechs Wochen in den Knast.

1)   *Nach einer Erzählung von Tante Dorle Kunze, geb. in Bautzen, gestorben in Hövelhof.*

Sven

Uwes und Bärbels erstes Kind, ein Sohn, Sven, wurde 1978 geboren. Er wurde in Wildenhain eingeschult und absolvierte die Grundschule in Dresden, und das Gymnasium in Pirna. Dabei zeigte er gute mathematische Fähigkeiten und Interesse für die aufkommenden Computer. So studierte er an der Hochschule für Technik und Wirtschaft in Dresden Informatik.

Nach dem Studium bekam er alsbald eine Anstellung als Leiter einer Computersoftwaregruppe in Nürnberg, wo er schon jahrelang erfolgreich tätig ist, und wo er die Woche über auch eine Einraumjunggesellenwohnung unterhält. Die Entfernung von dreihundert Kilometer bewältigt er jedes Wochenende vorwiegend in Nachtfahrt.

Sven heiratete 2013 Julia Bischof, die Gymnasiallehrerin ist. Die Familie zog in eine der umgebauten und vorgerichteten Wohnungen der ehemaligen Militärakademie in Dresden Strehlen. Sie haben zusammen zwei Kinder, Linus, der 2010 geboren wurde und Ella, die 2013 geboren worden ist. Sven und Julia haben sich 20016 scheiden lassen, die Kinder sind der Mutter zugesprochen worden. Die Verbindung zu Julia wurde aber nicht ganz abgebrochen, nicht nur, weil sie eine Lehrerin von Niklas ist.

Svens jetzige Lebensgefährtin, Kathrin, Dr. vet. med., führt die Tierarztpraxis ihres Vaters in Mittweida weiter. Kathrins Töchterchen, Jella, wurde 2010 geboren. So müsste ich also formulieren, dass ich fünfeinhalbfacher Urgroßvater, durch die angedockte Jella geworden bin.

Svens Wohnung liegt im kammartigen Wohnkomplex auf dem Gelände der ehemaligen Militärakademie „Friedrich Engels" der DDR, der auf der Seite zur Bahnstrecke Dresden-Pirna liegt, und in dem sich Svens Wohnung befindet, war ehemals Kaserne und technischer Bereich der Militärakademie. Die einstige Hochschule der kasernierten Volkspolizei wurde nach der Gründung der NVA der DDR 1956 zur Hochschule für Offiziere, deren einer ihrer Chefs Oberst Wilhelm Adam war, einst Adjutant von Generalfeldmarschall Friedrich Paulus. Paulus war Befehlshaber der bei Stalingrad 1942/43 untergegangenen 6. Armee der Wehrmacht und hatte sich nach seiner Rückkehr aus der Gefangenschaft in Dresden niedergelassen und hielt selbst auch Vorlesungen zu persönlichen Erinnerungen und Erfahrungen an der MA. Vor Stalingrad ist mein Vater verwundet worden und sein Bruder, mein Onkel Andreas, verschollen geblieben, worüber ich in „Die Enkel der Donauschwaben" eine Geschichte schrieb.

Mit dem Ende der DDR war auch das Ende der Militärakademie besiegelt und das Gelände und die Gebäudekomplexe wurden unterschiedlichen zivilen Zwecken zugeführt. Das befestigte Sportgelände wird mit mehreren Tennisplätzen genutzt, der große Hörsaal wird auch von der TUD zu größeren Veranstaltungen und Vorlesungen genutzt. Die ehemalige Offiziersmesse nutzt jetzt ein Studentenclub.

Die Wohnung von Julia und Sven im ersten Zinken des Kasernenkammkomplexes hatte einen Parterreraum, der vom vorderen Hofteil bis hinten in den nächten Hof reichte. Aus der Mitte des Raumes führte seitlich eine lockere Treppe ins Obergeschoß, mit drei kleinen Räumen, die als Schlafräume genutzt wurden. Den befestigten Raum zwischen den Wohnkammzinken nutzen die Bewohner in den Frühjahrs- und Sommertagen gern für Gemeinschaftsveranstaltungen, wie Schuleinführungen, Taufen und Geburtstagfeiern.

Claudia

Bärbel und Uwes Tochter, unsere erste Enkelin, Claudia, wurde 1980 geboren. Sie besuchte die Grundschule in Dresden und lernte Krankenschwester am Herzzentrum in Dresden. In einem Weiterbildungsstudium qualifizierte sie sich zur Ausbildungsschwester und Oberschwester. Sie heiratete 2016 Enrico Schütze, geboren in Löbau, Sachsen, der Berufsschullehrer ist. Die beiden arbeiten und wohnen in Trier. Ihr Töchterchen, Elina, wurde 2017 in Trier geboren.

Das Hobby von den zwei Schützen ist die Fotografie, und sie fotografieren viel. Das heißt, sie schießen viele Bilder und gern und gut, und so habe ich und meine Großfamilie eine gute Information über die Entwicklung meiner kleinen Urenkelin und auch der Enkel selbst und ihrer Reisen und Erlebnisse. Und so weiß und sehe ich auch, ob und wann etwa ich ein sechstes Mal Urgroßvater werden könnte.

Ob damit ein Besuch zur Weinlese an den vom Hunsrück steil hinabeilenden Hängen zu der sich unter seinem Rücken sich windend schlängelnden Mosel, zwischen Trier und Koblenz, werden könnte, ist damit nicht gesichert. Denn: „Schau mer mol" ist mehr für einen Besuch in Bayern ein mögliche Einladung.

Petra und Christian

Unser zweites Kind und Tochter, Petra, ist 1958, noch in Bautzen geboren worden. Sie war als Töchterchen schon sehr wissbegierig, lernte gut und studierte drei Jahre in Großenhain auf Lehrer. Sie heiratete 1979 Christian Wilpert, der in Bad Gottleuba 1957 geboren ist, in Bautzen Maschinenbau studierte und mit dem sie zwei Kinder haben. Hendrik, der 1979, und Sandra, die 1981 geboren wurde.

Petra war Lehrerin an der Grundschule in Bad Gottleuba von 1982-1992 und von 1993 in Berggießhübel. Bis 2005 war sie dann in Pirna als Ausbilderin und Lehrerin für die nach Deutschland eingewanderten Jugendlichen Deutschen aus Russland und der Ukraine verantwortlich.

1992 erwarb die Familie Wilpert das Willenhaus, die vormalige Pension am Goethepark, in dem zu DDR-Zeiten mehrere Familien wohnten. Das Haus und alle Räume waren sehr runtergewirtschaftet. Unter Anleitung und dem aktivem Einsatz und Handanlagen von ihrem Vater und Schweigervater, Alfred Wilpert, der Dachdeckermeister und ein geschickter Alleskönnerhandwerker war, sanierten, reparierten und bauten sie das Haus aus und um, und deckten das Dach neu.

Sie eröffneten darin 1994 eine Pension mit Frühstück und die Gaststätte, mit Küche am Abend und Sonnabend und Sonntag. Petra ist seitdem Pensionsleiterin, Servererin und Reinigungsfrau in einem, quasi Mädchen für Alles. Sie empfängt, bedient, kassiert und verabschiedet die Gäste. Jürgen S., der Koch, ehemals Koch im Berghotel Augustusberg, bekocht die Gäste zu Mittag und Abend. Er betreibt in der Woche noch eine Mittagsküche in einer Küchenfabrik in Berggießhübel.

Mein Schwiegersohn, Christian Wilpert, Petras Mann (wir können ganz gut miteinander), arbeitet in einem mittleren Bauunternehmen in Dresden und ist da für die Baubeschaffung und Bauplanung des Unternehmens zuständig. Er kennt so Dresden fast wie seine Westentasche. Und die kennt er sehr gut, denn er hält das Geld zusammen und ist sehr auf seine Mehrung bedacht. Das heißt aber nicht, dass er ein geiziger Mensch ist, im Gegenteil, er ist durchaus freigebig.

Im eigenen Haus, der weiteren und erweiterten Wilpertschen Anwesen und der Pension ist er für alle technischen Belange zuständig, ist er der Mann für alles Technische. Abends und an Sonn- und Feiertagen bringt er sich in der Pensionsgaststätte als Biereinlasser, Bierausträger, Abräumer des Geschirrs und der Gläser und auch als Gästeunterhalter mit ein. Nach dem auch der letzte Gast gegangen ist, sammelt er die Scherben und Reste mit ein, räumt Tische und Stühle ab und bringt und stellt sie wieder in eine freundliche Willkommensposition, entsprechend der Erwartungen für den nächsten Tag.

Doch seine Leidenschaft ist das Sammeln alter Dinge. Christian sammelt alte, historische Bilder, Karten, Vasen und Möbel. Doch seine größte Sammelleidenschaft bricht durch und sein Herz springt ihm fast aus der Brust, bei der Ansicht von alten Traktoren, die, wo rum stehen und verkäuflich sind. Von letzteren besitzt er mehrere, die er von überallher gekauft und geholt hat und die er alle wieder fahrtüchtig machte, aufmöbelte und fahrbereit hält und zu kleineren und größeren Volksfesten, zusammen mit seinem Sohn, Hendrik, Bruders Schwiegersohn und Freunden, stolz durch die Stadt tuckert.

Hendrik

Mein zweiter Enkel, Hendrik, studierte Bauwesen und ist als Bauingenieur beim Versetzen von Tiefbaufundamenten seiner Firma in Hamburg, im Inn- und Ausland verantwortlich. Er fährt in Ausübung seiner Funktion wöchentlich mehrfach quer durch Deutschland. Seine Lebensgefährtin, Mischell K., auch Bauingenieur(in), arbeitet in der gleichen Firma als Planerin. In Bad Gottleuba hat Hendrik von der Stadt, zwei baufällige und leerstehende alte Häuser auf einem leicht abfallenden Gelände auf der Badstrasse erworben und auf den Grundfesten eines der Häuser ein neues Haus, im historischen Stil, modernen Kleids, mit sechs separaten Wohnungen, aufgebaut.

In der Woche schaut sein Vater, Christian, nach Feierabend auch schon mal nach dem Baufortschritt an Hendriks Baustelle und er bringt sich auch mit manch guten Ratschlägen und Hinweisen zum Bau ein. Wenn die zwei aber am Wochenende, wenn wir am Mittagstisch in der Pension sitzen, aus unterschiedlicher Ansicht zum Bau in Rage geraten und sich belegen, ist ihr Vater-Sohn-Disput zunächst unterhaltsam, wird aber alsbald etwas unrespektabel, für die Gäste unangenehm. Und sie geraten oft aneinander, wie zwei Streithähne auf einem Hühnerhof. Sie brauchen aber offensichtlich zu ihrem Disput ein Publikum als Kulisse und Podium, wie die Hähne auf dem Hof.

Hendrik ist ein fleißiger und auch ein sehr erfolgreicher und angesehener Bauingenieur bei seiner Firma mit Sitz nahe Hamburg. Im persönlichen Disput ist er leicht nörglerisch, etwas negativer, negativistischer Haltung. Ist unser Hendrik gar ein Negativist? Er kann dabei auch sehr zynisch sein, auch seiner Mutter und seinem Vater gegenüber. Klaus Baum schreibt hierzu in seinen Internet Notizen aus der Unterwelt:

„Schenkt man einem Negativisten einen 500 Euroschein, beschwert er sich, dass man ihm die nicht in zehn 50 Euroscheinen brachte."

Oder auch:

„Bringt man einem Negativisten Tauben mit, beschwert er sich, dass sie nicht gebraten sind."

Ganz so negativistisch ist er wohl doch nicht, und seine Freundin, wohl schon Lebensgefährtin, Mischell, hat einen positiven, optimisierenden Einfluss auf ihn.

Sandra

Unsere zweite Enkelin, Sandra, die 1981 geboren wurde, besuchte die Grundschule in Bad Gottleuba, ging zur Oberschule in Pirna, absolvierte eine Lehre als Köchin, und heiratete Sven Böcherer, aus Pirna. Die Eltern Svens gingen nach dem Westen, Sven und Sandra zogen hinterher. Da stellte sich heraus, dass Svens Eltern in der Jehova Sekte angagiert sind und ihren Sohn Sven und auch Sandra einbezogen haben und noch stärker dahin und rein ziehen wollten. Sandra ließ sich aber nicht darauf ein und ließ sich 2004 scheiden.

Sie fand eine neue Arbeitsstelle im Hotel zum Krug in Hattenheim / Eltville im Rheingau. Dort arbeitete sie als Souköchin, lernte den Schornsteinfegermeister Peter Stadler, geboren 1981 in Kaiserslautern, kennen und sie heirateten 2011 in Mainz. Ihr Sohn, mein dritter Urenkel, Paul Maximilian, ist 2013 in Mainz geboren worden.

Inzwischen steigt mein Schwiegerenkelsohn, Peter, den Mainzer schon als Bezirksschornsteinfegermeister aufs Dach und sorgt dafür, dass ihre Hütten warm gehalten werden können und daraus die dicke Luft entweichen kann. Die drei Stadlers leben in Mainz in einem Doppelstockhausteil, das sie vor Jahren erworben haben. Sandra arbeitet in der Schule als Köchen, in die Paul Maximilian dieses Jahr (2019) eingeschult werden wird.

Bodo und Marion

Bodo

Unser zweiter Sohn, Bodo, 1960 geboren, war als Kind ein aufgeweckter Junge, aktiv, sportlich flink und hilfsbereit und wurde von seinen großen Geschwistern oft zu allerlei kleinen Schabernacks, Attacken, Begebenheiten und familiären Problemen vorgeschickt. Am Tisch monierte er, wenn den Kindern etwas nicht schmeckte. Er sprang auf und holte, was aus der Küche noch auf den Tisch sollte. Er bemängelte als erster, dass in einer Schüssel gekochter Süßkirschen die Maden herauslugten. Und er erklärte, dass er Pfirsiche nicht esse, weil die Mutter meinte, die hätten eine so schöne samtige Haut, und er esse keinen Samt. Er folgte besonders seinem großen Bruder, Uwe, der ihm ja fünf Jahre voraus war und ihn gern verleitete, treu und blind.

So kroch er, besser, schoben ihn seine zwei großen Geschwister, Uwe und Petra, vor einer Weihnachtsbescherung, als die Türe zum Wohnzimmer verschlossen und unterm Weihnachtsbaum schon die Geschenke lagen, unter dem Ofen, der in der Wand zwischen Kinder- und Arbeitszimmer eingebaut war, durch und er berichtete, was da aufgebaut war. Doch Bodo konnte alleine, vorwärts kriechend, nicht wieder zurück. Nur mit Hängen und Würgen und Gesichtshautabschurfungen zogen die Geschwister ihn, die Füße voran, wieder zurück.

Seiner Mutter erledigte Bodo schnell und zuverlässig alle kleinen Gänge, die bis zu seinem Schuleintritt nur für die Familie da war. Danach arbeitete Feodora wieder als Sekretärin in der Hochschule für Verkehrswesen, am Lehrstuhl für Luft- und Verkehrsrecht. An dem Drei- bis Viermann-Lehrstuhl war sie für die Organisation der Termine der Studenten bei den Herren Professoren und das Schreiben von Lehrbriefen, nebst Kaffeekochen, für die Herren und deren Besuch, zuständig.

Die schönsten Episoden und Kindermundäußerungen von und mit Bodo blieben in Erinnerung. Als Fee mal einige Wochen Urlaub machte und zu Hause blieb, strahlte er:

„Ach ist das schön, wenn Du wieder zu Hause bist."
Nur wenige Tage später, er wurde von ihr gerügt, oder durfte etwas nicht, brach aus ihm heraus:
„Hoffentlich gehst du bald wieder arbeiten!"
Bei einem Besuch meiner Eltern in Bautzen zum Geburtstag meines Vaters, am 22.12., auf der Kesselstrasse, die Wohnung hatte ein Plumpsklo nach außen, rief er bei einer Sitzung:
„Ich soll mir hier wohl mein Leben erfrieren?"

An Abenden, wenn unsere Freunde zu Besuch kamen, und wir mit den Freunden gemeinsam zu Tisch saßen, schlürfte Bodo im Schlafanzug, schelmisch grienend herein, seine Augen schweiften über den Tisch, die Nase schnupperte und manchmal brach es aus ihm heraus:
„Oh, ihr habt so was Feines, das hatten wir aber nicht!"
Und er verzog sich schnell, ehe wir reagieren konnten. Manchmal legten die Kinder bei Besuch, wenn sie schon im Bette waren, auf den Toilettendeckel eine Schale aus, darin waren zwei, drei Pfennige als Zaunspfahl vorgelegt. Unsere Freunde berichteten davon schmunzelnd und wollten, dass wir darüber wegschauen sollten, sie hätten ihren Spaß daran.

Als hilfsbereites Kind holte er oft und schnell mal ein, so auch Milch. Er rannte mit einer unsrer zweilitrigen emaillierten Kannen in den nahen Milchladen, kam wieder schnell und sprang die Treppen vor dem Haus herunter, rutschte ab und die Kanne flog im hohen Bogen und landete auf dem Guli. Die Milch floss in den Guli zu den Ratten in der Kanalisation, die Kanne in den Müll an der Strasse.

Bei einem Abschied aus Kismányok, in der Tolnau in Ungarn, wo wir immer nach unserem Urlaub am Balaton gern kurz unsere Verwandten besuchten, wir abruhten und einen Absacker nahmen, reichte uns Omatante noch 36 frische Hühnereier, offen in einem Schuhkarton ins Auto. Die Fahrt verlief normal. Zu Hause angekommen, nahm Bodo die Kiste und trug die Eier, balancierend in einer Hand, ins Haus, rutschte auf den Treppen aus und die Eier landeten im Sand und ergossen sich in den Guli, wieder zur Freude der Ratten. Er beteuerte, er habe aber keinen Freundschaftsvertrag mit ihnen geschlossen.

Von einem Urlaub 1976, an den „Kleinen Balaton" der Slowakei, bei Zemplinska Sìráva, damals noch in der Tschechoslowakei, kehrten wir unerwarteter Weise einen Tag eher heim. Uwe konnte schon nicht mehr mit uns halten, er arbeitete da schon als Koch in Meißen.

Bei unserer Ankunft in Dresden war die Wohnungstür verschlossen und der Schlüssel steckte von innen. Auf wiederholtes Klingeln öffnete aber niemand. Das Badfenster war angekippt und Bodo angelte durch den Spalt, bekam das Fenster auf, stieg durch das Fenster und öffnete die Türe von innen. Die Kinder strömten in die Wohnung, niemand sichtbar im Wohnzimmer, niemand im Kinderzimmer! Da, plötzlich kommt Bodo zurückgeschreckt:

„Im Arbeitszimmer von Vati liegt ein nacktes Mädchen auf der Liege!".

Als ich an die Liege trat, war sie schon leicht bedeckt. Es war unsere erste Schwiegertochter, Bärbel, damals in Spe! Bärbel gebar uns zwei Enkel, 1978 Sven und 1980 Claudia. 1998 wurden Uwe und Bärbel geschieden.

Als Sohn eines Intellektuellen wurde Bodo, trotz guter Zeugnisse, zum Gymnasium nicht zugelassen. Er begann eine Lehre im Autoreparaturwerk Dresden, schloss nach zwei Jahren ab und wurde zum Armeedienst eingezogen (1979-1981). Ab September 1981 bis 1982 studierte er an der ABF (Arbeiter und Bauernfakultät) in Freiberg, erwarb das Abitur und nahm im Herbst 1982 sein Studium an der Hochschule für Verkehrswesen in Dresden auf, das er mit einer Diplomarbeit zum Thema: „Ein Peiselrad" unter Betreuung von Prof. Günter Oppermann, abschloss. Das anschließende Forschungsstudium brach er im August 1990 ab. Im September begann er als wissenschaftlicher Angestellter bei Dekra Data in Stuttgart, wo er für die Software Entwicklung für freie Kfz-Werkstätten zuständig war.

1991 übernahm er die Leitung der Niederlassung in Dresden und wechselte später in die Qualitätsprüfung für Software der Firma Werbas AG (ehemals DEKRA DATA). Am 1.8.1999 nahm er seine Tätigkeit bei Karosseriewerke Dresden GmbH in Radeberg auf, wo er als Spezialist der Computersteuermann im Werk und des Werkes ist.

Seine Hobbies sind sein Garten, die Rasenanlage, der Swimmingpool und seine Weinanlage. Alles entspricht dem modernsten Stand der Technik. Die gesamte Rasenfläche wird von einer freischaffenden kleinen Mähbox auf Rasenbartlänge in Schach gehalten. Sie und die Hauskatze haben nach ihres Befehlshabers Feierabend Dauereinsatz und können sich nur erholen, wenn der Mähboxakku müde ist und eine Aufladpause benötigt. Die Mähbox fährt dann einfach aus innerem Erhaltungstrieb, ohne äußeres Kommando, an ihre Laderampe und schaltet ab und auf Laden um. Die Katze ruht derweil unter einem nahegelegenen Busch und lauert, ob und wann er ihr wieder zu Nahe faucht und surrt.

Das blau ausgekleidete Schwimmbecken ist zum kurzen Ganzkörpertemperatursturz in der warmen Jahreszeit gedacht und war in den vergangenen Jahren auch wohl temperiert, gut geeignet der Hitze zu trotzen. Und es wurde auch genutzt. Die Reinigungs- und Belüftungsanlage des Beckens funktionierte gut, der Bademeister kann auch die Schwimmbeckeninstandhaltung mit dem Computer steuern. Für die Chlordosierung beruft er sich auf seine einst gelernte Chemie, wie man an warmen Tagen manchmal riechen kann. In der Winterruhepause des Beckens wird es von Planen abgedeckt, nicht genutzt. Nur ab und an finden darunter, hörbar, Katz- und Mauspiele statt.

Sein sichtbar schönster Zeitvertreib ist sein Weingarten. Den hinteren, abfallenden Garten zur Dorfwiese zu, ließen die Hobbygärtner vor Jahren mit einer hochgezogenen Mauer begrenzen und das Terrain von der oberen Mauerkante bis zum Schwimmbecken, auf eine Höhe, eine Hochebene, mit Mutterboden auffüllen und festwalzen. Auf die befestigte Fläche hat Bodo hundert Weinstöcke, aus der Pfalz, gepflanzt, soldatisch aufgereiht, mit Betonsäulen an den Enden und Stahlstangen dazwischen, mit Drahtseilen verbunden, und den Reben ihren Halt und ihre Richtung vorgegeben. Der Wein gedeiht bei bester Pflege, die erste kleine Lese, die erste Rapp, war schon fällig. Meine Hochgebirgstrauben von der Heinrichshöhe vermehrten die Maische und gärten mit. Der Most ist vergoren, der Wein beruhigt, der Treber oder Sud ist abgesetzt, die Weinverkostung steht noch aus!

Seine Vorfahren, sein Großvater und sein Urgroßvater damals in Ungarn sagten, wenn die Familie und die der Schwester und Bruder zur Lese gerufen wurden:

„Montag welle mer Rapp halde. Wann es Wedder gut hält, is an zwaa Tag alles rapp, wann ehr alle mit zupacke tut".

Großvater hatte natürlich bevor er zur Lese, seiner Rapp, geladen hatte, nach dem Wetter geschaut und eingeschätzt, dass die Großwetterlage geeignet sein würde. Un sai Trauwel waan schu schee raaf un konnde rapp genumme wern. Wie die Weinlese, die Rapp, damals verlief, habe ich ja schon früher in „Die Enkel der Donauschwaben" beschrieben.

Meinen Sohn und sein Weinfass habe ich aber seit der Traubenübergabe nicht mehr gesehen. So kann ich auch nicht sagen, besser, schreiben, ob er einen Uhudler erzeugt hat. Und ob er wie ein Uhu aussieht. Wenn seine Vorfahren, die Ungarndeutschen damals in der Schwäbischen Türkei, wie die Burgenländer um den Neusiedler See, den Fertötó, der damals ganz, und das gesamte Gebiet drum herum, zu Ungarn gehörte, nach der Lese ins Dorf zurück kehrten, sahen sie aus wie Uhus. Der Dunst des Rebenmostes, seiner Gärung und seine Gärprodukte, das Kohlendioxid und der Äthylalkohol, hatten die Weinbauern so gefordert und verändert, dass sie, nach den vielen schlaflosen Nächten und Gärtagen und Klärnächten und Probebechern, aussahen wie Uhus.

Marion
Bodo heiratete 1986, die in Kahla 1961 geborene, Marion Günther. Marion besuchte die Grundschule in Jena und studierte von

1980-1984 an der Hochschule für Verkehrswesen Dresden und diplomierte mit einer Arbeit: „Zur Zusammenarbeit der deutschen Post mit Industriebetrieben"

Seit dem ist sie in verschiedenen Funktionen und Orten der Deutschen Post DHL Group tätig. Nach einem zweijährigen Einsatz als Vize Präsident in Berlin, ist sie seit 2018 Niederlassungsleiterin der deutschen Post mit Sitz in Okrilla.

Marions Passionen sind im und um das Haus, mehr die Blumen im Garten und um den Froschteich. Da darf Bodo nicht ran, das ist ihr Hoheitsgebiet. Nur der schwarze Kater, „die krallen spitz, die Augen gluh"[1], schleicht ab und an hinzu und angelt sich einen der silbrig und goldig glänzenden Fische. Das kann schon mal ärgerlich sein. Doch der Kater geht ihr offensichtlich über die Fische. Sonst müssten die Konsequenzen für ihn nach einem Fischraub wohl herber ausfallen, herber als der Rotwein, den wir gemeinsam so lieben.

Ihre gemeinsame Tochter, Iris, geboren 1985, studierte am EBC in Dresden, wurde Mitarbeiterin eines Softwarerecrutingunternehmens in Stuttgart, absolvierte danach ein Traineeprogramm der Deutschen Post hatte dabei zwei Auslandsaufenthalte, in Florida und Singapore. Sie arbeitet heute in der Zentrale der Deutschen Post und lebt in Bonn.

---

1)   *Wilhelm Busch: Es sitzt ein Vöglein auf dem Leim, Summa Summarum, S. 7; Eulenspiegelverlag, Berlin 1965*

Iris

Marion und Bodos Tochter, Iris, meine dritte Enkelin, wurde 1985 geboren. Nach der Grundschule und dem Gymnasium studierte sie 2005-2009 an der EBC (Euro-Business-College) International Management. Das Studium beendete Iris mit dem Bachelor of Arts an der University of East London. Ihre Praktika absolvierte sie in dieser Zeit in Spanien (2006) und in Florida (2007) bei der Deutschen Post DHL Group. Und 2008 startete sie bei der K2

Partnering Solutions GmbH in Stuttgart und wechselte 2009 wieder zur Deutschen Post DHL Group. Als Trainee arbeitete sie im Bereich Personalentwicklung sowohl in Bonn als auch in Singapur. wechselte sie 2011 in die Abteilung Personal in Bonn und arbeitete 2012-2015 im zentralen Einkauf für die Region Europa. Von 2015-2017 war sie in Basel in der Schweiz als regionale Einkäuferin tätig.

Berufsbegleitend erwarb Iris 2014-2017 den Master of Science in Wirtschaftspsychologie an der FOM Hochschule in Bonn. Iris spricht fließend Englisch, ist Fremdsprachenkorrespondentin für Englisch (IHK) und beherrscht Spanisch. Iris ist aktuell bei der Deutschen Post für die Steuerung des Transporteinkaufs zuständig. Als Teamleiterin ist sie verantwortlich für die Mitarbeiter, die deutschlandweit tätig sind.

Bei einem ersten Aufenthalt in Florida in Callaghan, einem kleinen Ort nördlich von Jacksonville, lernte Iris 2002 ihren Freund und ihre erste Liebe, Andrew, kennen. Sie waren über ein Jahr zusammen. Doch Andrew, ein sympathischer und intelligenter junger Mann, verstarb nach einem schweren Autounfall. Mit den Eltern des Jungen hat Iris heute noch einen guten und regelmäßigen Kontakt.

Ihren dreißigsten Geburtstag feierte Iris am Sonnabend, den 27.6. in Basel, Schweiz. Dazu hatte sie Heike, Karsten und Niklas und uns, Fee lebte da noch, als Großeltern, eingeladen. Wir hatten einen Flug am Freitagabend vorher, 20 Uhr, nach Basel gebucht. Am Flughafen Dresden wurde uns eine Stunde nach Abflugzeit mitgeteilt, dass die Maschine an dem Tag nicht fliege, der nächste Flug sei Samstag am Vormittag. Zu der Zeit war aber schon das Programm in Basel angesetzt.

Karsten hatte sein Auto am Flughafen Klotzsche geparkt, fuhr heim und holte den Dienstmercedes und wir starteten gegen 22Uhr nach Basel. Die Autobahn war geradezu leer und Karsten „flog" Höchstgeschwindigkeit. Gegen drei Uhr in der Nacht kamen wir in unserem Hotel in Basel an. Der Schlüssel zum Hotel war in einer Nachbarkneipe (Bar) hinterlegt. Aus der Gastwirtschaft flogen uns gerade mehrere Schwalben (Mädchen) entgegen, die ihre dünnen Mäntel wie Flügel lüfteten, flattern ließen und zeigten, was sie drunter hatten. Es waren hübsche Vögel dabei.

Am Samstagvormittag hatten wir eine Führung im Baseler Zentrum. Wir liefen durch die Altstadt Kleinbasel über die Mittlere Brücke in die Altstadt Grossbasel und dem doppeltürmigen Münster zu. Von der Aussichtsplattform des Münsters hatten wir eine sehr schöne und gute Sicht über die Stadt. Wir sahen das Stadtzentrum und den mählich geschwungenen Rhein, seine Brücken und den Hafen und die kleinere, rechtsrheinische Seite, die Altstadt Kleinbasel, in der wir logierten. Von da bis zum Münster waren es knappe zwanzig Minuten Fußmarsch. Feodora trat zum Frühtermin nicht an, sie wollte erst Ausschlafen. Zum Mittagessen, mit anschließender Stadtrundfahrt und Stadtführung holte ich sie aus dem Hotel ab.

Für den Abend hatte Iris ihre Freunde und die Familiengäste nach Allschwil, am Rande der Stadt, in das Apartmenthotel im Brühl, in dem sie wohnte, geladen. Über zwei Dutzend Gäste kamen. Die kulinarische Versorgung war gut, das Bier und der Wein gut gekühlt, die Unterhaltung nett. Die Feier fand auf der großen Veranda des Apartmenthauses, am Ende der Strasse vor dem Grenzpfahl zu Frankreich, statt. Das Stimmengewirr der Geburtstagsgesellschaft hallte in allen Sprachen, der Länder, in denen sie praktizierte, über das wenig besiedelte Grenz- und Sprachdreieck Schweiz-Frankreich-Deutschland. Es war ein sehr stimmungsvoller, einmaliger Abend an einem der längsten Abenden eines Jahres, auf einem langen Balkon in diesem sonst so stillen Dreiländereck.

Am Sonntag ging es retour. Die Maschine, von Basel nach Dresden, flog wieder. Fee, Heike und Niklas nutzten die Flugtickets. Karsten brachte die drei zum Flughafen in Basel, der unweit von unserem Hotel war. Wir starteten dann mit dem Mercedes und flogen über die Autobahn heim. Wir kamen an, als die Frauen und Niklas mit einem Taxi vom Flughafen in Klotzsche vor unserer Wohnung abgesetzt wurden.

Heike und Karsten

Unsere zweite Tochter, Heike, wurde 1962 am Heiligabend geboren. Wir erwarteten für Heiligabend unsere Mütter und Großmütter aus Bautzen. Während Fees Mutter, der Kinder Großmutter, Gertrud, schon mit dem Nachmittagszug ankam, hatte meine Mutter, der Kinder Großmutter Elisabeth, den Abendzug gewählt und kam erst halb neun am Abend an. Fee quälte sich da schon unter starken Wehenschmerzen. Sie verbiss die Schmerzen aber, denn sie wollte bis zu Mutters Ankunft durchhalten. Als ich Mutter vom Bahnhof abholte und wir ankamen, hat sie das alles nicht mehr wahrgenommen.

Die Taxe, die Schwiegermama inzwischen gerufen hatte, kam und brachte uns mit Blaulicht in die Geburtsklinik in der Neustadt. Als ich sie in guten Händen wähnte, fuhr ich mit der Straßenbahn zurück und als ich ankam, war Heike schon geboren. So fuhr ich schnurstracks wieder zur Klinik hin. Die Geburt war sehr schnell und reibungslos verlaufen. Doch nach der Geburt ließ man Töchterchen und Mutter in ihrem Bett und ihrer Nachgeburtsnässe mutterseelenallein. Die Schwesternschaft feierte Weihnachten! So wären sie bald beide nach der Geburt erfroren. Doch Töchterchen Heike hat es anscheinend abgehärtet.

Während die drei großen Geschwister Heikes in die Schule marschierten, wurde sie von Feodora in den Kindergarten der Verkehrshochschule gebracht. Fee marschierte danach wieder zurück zu ihrer Schreibmaschine und abends holte sie wieder Heike vom Kindergarten ab. So hatten die beiden täglich einen schönen gemeinsamen Weg und auch viel Zeit für einander. Diese schöne Mutter Tochter Beziehung und Verbundenheit hat zwischen den beiden bis zu ihrer Mutters Tod gehalten.

Die Schule absolvierte Heike mit ganz guten Ergebnissen, lernte Krankenschwester im Krankenhaus Neustadt, studierte anschließend in Potsdam Gesundheitsfürsorge und wurde Diplom Sozialarbeiterin. Während ihrer Tätigkeit im Krankenhaus Neustadt lernte sie Karsten Oettel kennen, den Sohn ihrer Oberschwester, Käthe Oettel. Karsten studierte in Berlin Elektroingenieurwesen.

Die beiden heirateten 1985 und zogen nach Berlin-Marzahn, wo 1986 ihr erster Sohn, Hagen, und 1988 ihr zweiter Sohn, Holger, geboren wurde. Die Familie kam 1994 wieder nach Dresden zurück, wo als Nachzügler, 2002, ihr dritter Sohn, Niklas, dann schon in ihrem neuen Haus in Dresden-Weißig wohnend, geboren wurde.

Die beiden Ehepaare Oettel, die Senioren, Käthe und Siegmar, und die Junioren, Heike und Karsten Oettel, gründeten 1995 den Pflegebetrieb Oettel GbR in Dresden-Weißig, der aus einer Hauskrankenpflege, einem Betreuten Wohnen und einem Pflegeheim besteht. Karsten absolvierte ein Zusatzstudium in Betriebswirtschaft, um den Pflegebetrieb führen zu können. Seit der Verrentung der Eltern führen Karsten und Heike das Unternehmen weiter. Heike ist für die pflegerische Seite, den Pflegekrafteinsatz und die diesbezügliche Außen- und Sozialverbindung zuständig. Karsten wiederum führt die schriftliche Seite und den technisch-wirtschaftlichen Ablauf des Betriebes.

Für den Pflegebetrieb bringen die beiden viel Zeit und Kraft auf. Die Organisation des Einsatzplanes der Pflegekräfte, vorwiegend jüngere Frauen, bei der rund um die Uhr Pflege im Heim und der häuslichen Pflege in der Stadt und im ländlichen Umfeld, bei natürlichem Wechsel im Heimzugang und Abgang, der psychischen und körperlichen Pflege, der Organisation des technischen Ablaufs nebst schriftlichem Ausweis des Betreuungsablaufs, erfordert ihre ganze Kraft und Zeit. Ihren Ausgleich finden und organisieren sie in gemeinsamen Familienurlauben. In den letzten Jahren leistet ihnen hierbei ihr Wohnmobil mit Vorzelt große Dienste. Das Mobil genügt sowohl ihrer beruflich bedingten und nötigen Flexibilität als auch Spontaneität recht gut.

Hagen

Hagen Oettel, 1986 in Berlin geboren, besuchte die Grund- und Oberschule in Dresden, absolvierte eine Ausbildung und ist bei der Deutschen Bahn als Fachkraft für Leit- und Sicherungstechnik tätig.

Seine Frau Jeane, die im Elterlichen Pflegeheim arbeitet und wochenends studiert, heiratete er im Jahr 2016. Ein Jahr darauf kam ihr Sohn Marwin im Sommer zur Welt. Sie bewohnen ein kleines Haus im Ortsteil Schönfeld-Weißig.

Hagen ist ein freundlicher und selbstbewusster junger Mann, er ist liebenswürdig, aufmerksam, ehrgeizig und hilfsbereit. Hagen hat ein großes Talent, mit dem Computer Texte zu verarbeiten und zu setzen. Bei meinen Büchern: „Erinnerungsgarten", „Die Brücke", „Die vergessene Schokolade" und „Jergescher Geschichten", hat er die Endsetzung vorgenommen und war mir damit eine große, unschätzbare und dankbare Hilfe bei der Fertigstellung der Bücher. Dabei sind seine Konzentration und seine Aufmerksamkeit, sein Einfühlungsvermögen und seine taktvollen Verbesserungshinweise sehr hilfreich. Und er stand mir jedes Mal, nach meinen Hilferufen, nach Dienstschluss und in seiner sonstigen Freizeit, jederzeit gern und schnell zur Seite.

Hagen ist sehr redegewandt und kommunikativ, seine Rede wohl geformt und überzeugend.

Holger

Holger Oettel, mein siebter Enkel, wurde 1988 in Berlin geboren, er besuchte die Grundschule und Oberschule in Dresden. Lange Zeit besuchte er das Gymnasium in Dresden Südvorstadt, in unserer Nähe und ging täglich bei uns ein und aus. Es entwickelte sich dabei eine schöne Großeltern - Enkel Beziehung. In der Zeit wollte er Arzt werden, um seiner Oma mal im Alter gut beistehen zu können.

Doch Holger studierte Informationssystemtechnik in Clausthal-Zellerfeld im Harz. Er heiratete letztes Jahr You Lü, aus China, die an der TUD Bauwesen studierte und erfolgreich im Sommer 2018 diplomierte. Beide wohnen zur Zeit in Dresden Klotzsche. You geht noch keiner Arbeit nach und Holger arbeitete vorübergehend bei der Post als Angestellter im Paketzustelldienst. Einen Studiumsabschluss hat Holger mir noch nicht gezeigt. So, dass ich nicht exakter formulieren kann, als dass er studierte

Dabei hatte ich mit Holger einige interessante Gespräche, über Gott und alle Welt und er kann dabei ein interessanter Diskussionspartner sein, ist intelligent und klug. Wie passt denn das alles zusammen? Zu seinem Studiumsabschluss hat er mir immer ausweichende Hinderungsgründe genannt und ich habe sie nicht hinterfragt. Unsere letzte diesbezügliche Unterhaltung war vor einem Jahr. Er huschte herein und war auf dem Weg in die Universitätsbibliothek.

So beiläufig und indirekt kam heraus, dass er die Bibliothek aufsuche, um über den Spermienlauf und deren Wettlauf und Konkurrenz im Zeugungserfolg suche. Er wurde aber nicht direkt, vielleicht war es seine Scheu. Und ich bedauerte hinterher, nicht selbst direkt gefragt zu haben. Hier rüber zu fabulieren und mich hier auszubreiten, wäre mir geradezu ein Vergnügen. Und das bei vier gesunden Kindern und acht Enkelkindern. Zumal ich mit Bärbel, meiner Restlaufzeitabschnittsgefährtin, der langjährigen Gynäkologie Professorin und Leiterin der Geburtsstation der Akademie, einen höchstkompetenten (geht es denn noch höher) und herrlichen Diskussionspartner(in) hätte.

Nach zehn Semester Studium sollte er in Clausthal Zellerfeld diplomieren und er rüstete auf Bachelor ab. Gewiss, von ihrer Hochzeit im letzten Herbst habe ich ja auch noch keine direkte Mitteilung. Sie waren im Herbst vier Wochen in China, er wollte mal darüber berichten. Und sie wollen offensichtlich beide nach China, so deute ich die stille und schnelle Heirat. Doch ohne ein Abschlusszeugnis? Als was denn, lieber Holger? Mit leeren Händen?

Niklas

Heikes und Karstens dritter Sohn, mein achter Enkel und fünfter Enkelsohn, wurde 2002 geboren. Er hat mit mir am gleichen Tag Geburtstag. Und so begingen wir im November dieses Jahres (2018) zusammen unseren 100. Geburtstag. Niklas geht ins Gymnasium und jeden (fast jeden) Dienstag besucht er mich nach Schulschluss und wir besprechen schulische Probleme und debattieren bei Kaffee und Kuchen und beim Abendbrot, in letzter Zeit auch mehr und mehr politische und internationale, historische und zeitbezogene Themen.

In seinen Kindheits- und jungen Jahren begleitete Niklas uns gern und regelmäßig auf unsere Wochenendhütte, unsere „Tanya". Über diese unsere gemeinsame Zeit habe ich in meinem „Erinnerungsgarten" geschrieben. Dort habe ich auch erwähnt, dass er Klavierunterricht genommen hat und leidlich Klavier spielt. Um es zu festigen, müsste er allerdings stetig und mit Ausdauer üben. Mein „kleinster" Enkel, Niklas, wächst mittlerweile zu einem Mann heran. Er überragt mich nun schon um einen halben Kopf und wächst auch geistig in die Höhe. Unsere Dispute zeigen diese Anlage schon. Und er beobachtet gut und hört gut zu und überlegt auch seine Argumente gut.

In seiner Schule, seiner Gymnasiumsklasse, ist er als Sprecher gewählt worden und könnte also auch Talent, Charisma zur Akzeptanz von Gleichgesinnten haben, oder erringen. Sicher müsste er dabei noch etwas selbstbewusster agieren und auftreten. Was er aber noch lernen kann und lernen wird müssen. Auch für die Konstanz seiner schulischen Leistungen wird er mehr investieren, üben müssen.

Diesen Großvater-Enkel-Nachmittag möchten wir beide nicht missen. Die Hilfs- und Fördernachmittage, die schon einige Jahre, eigentlich seit seinem Schuleintritt, konstant durchhalten, führen nun schon geraume Zeit zur Umkehrung. So manche Computerhilfe konnte mir Niklas schon sein. Seine Kenntnisse und Fertigkeiten, die er auch von Vatersseite und vor allem seinem großen

Bruder, Hagen, her hat, von ihnen erlernt, konnten mir nützlich und eine Hilfe sein.

Das besondere des Umgangs der jüngeren Generation und meiner Enkelgeneration mit dem Computer ist dabei, dass sie absolut keine Scheu im Umgang mit dem Computer haben und notfalls einfach drauflos hämmern, und korrigieren, und wissen, wie sie Fehler korrigieren können. Und sie wissen, wenn es mal nicht weitergeht, wo sie nachschauen können oder müssen. Wo und wobei die Großelterngeneration besonders langsam ist oder auch schon mal hilflos wirkt und abwinkt, gar ganz aufgibt. Die meisten der Großeltern und fast alle der Urgroßeltern Generation passen und staunen nur über die Fertigkeiten der Enkel im Umgang mit dem Computer.

Ein Problem haben aber einige dieser Generation, dass sie alles mit dem Computer machen wollen, oder sich gar am Computer verspielen, gar in einer virtuellen Welt leben und vergessen, ins reale Leben zurückzukehren. Das kann zu Familienproblemen führen, junge Ehen spalten. Für Niklas hoffe ich, dass er lebensklug genug ist, den Computer zur Erleichterung und Gestaltung seines Lebens einzusetzen.

Nur über seine Zukunftspläne ist sich Niklas noch nicht sicher, er wird sich aber bald entscheiden müssen. Der Computer wird ihm dabei aber nicht helfen können.

Verabredung

Meine Frau, Feodora, starb zwei Jahre nach Jakob Justus, im September 2017, nach langer, schwerer Demenzkrankheit, wie ich in: „Die vergessene Schokolade, Feodora" mir alles von der Seele geschrieben und auf meine Art versucht habe, ihre langwährende Krankheit, ihr Leid und ihr dann doch sehr schnell verlaufendes Demenzende und Lebensende, und die damit verbundene Belastung, auch der Familie, besonders aber Heikes, zu verarbeiten.

Feodora und ich hatten uns noch im Sommer mit Bärbel Justus wieder zu einem gemeinsamem Mittagessen in Gottleuba für Anfang Oktober verabredet, und ihr versprochen, dass wir sie abholen und mitnehmen würden. Es kam aber anders. Nach einem unerwarteten Demenzsturz am 5.9.2017, nahm Heike ihre Mutter, Feodora, in ihr Pflegeheim in Weißig mit.

Feodora wurde zusehends schwächer und nur nach wenigen Tagen schon verstarb sie dort am 23. September. Ihre Urne wurde am 2.10.2017 auf dem Friedhof in Weißig, nur wenige Grabstätten von unserem Sohn, Uwe, entfernt, wie sie sich es immer wünschte, beigesetzt.

Gleich nach der Beisetzung von Feodora hatte ich für den 21. Oktober im Blumenhof in Bad Griesbach für zwei Wochen für mich einen Badekuraufenthalt gebucht. Nach Feodoras Tod, den Laufereien, Besorgungen und Überlegungen und den damit verbundenen Belastungen, wollte ich raus, weg und einfach abschalten von den schweren Tagen vor und nach dem Tod meiner Frau. Doch für Anfang Oktober hatten wir uns mit Fee noch mit Bärbel - zu den guten Zeiten Fees - zu einem gemeinsamen Mittagessen verabredet. Das wollte ich wenige Wochen nach Feodoras Tod einlösen und wir verabredeten uns in der Schmiedeschänke in Malschendorf, die unweit von Bärbels zu Hause, oberhalb Rockau, auf dem Hochplateau über der Elbe, zwischen Pillnitz und Dresden, liegt.

Bärbel war da gerade von einem Kurzaufenthalt im Warmbad in Birnbach, einem der drei Bäderorte an der Rott, zurückgekehrt.

Sie erzählte davon während wir auf das Mittagessen warteten. Und ich fragte sie mehr rhetorisch, ohne eine positive Antwort zu erwarten, ob sie nicht gleich wieder mit nach Birnbach und noch vierzehn Tage drangeben wolle? Doch sie meinte, die Familie rechne jetzt mit ihr, der kleine 5-jährige Enkel, Leo, der doch der Lieblingsenkel Jakobs war, müsse zum Kindergarten gebracht werden und die älteren zwei, die 9 jährige Paula und der 14 jährige Felix, gingen zur Schule und brauchten auch ihre Betreuung nach Schulschluss.

Zumal ihr Sohn Sebastian, in dessen Haus Bärbel jetzt wohnt, nachdem sie noch zu Jakobs Lebenszeiten ihm das Haus überschrieben hatten, Tierarzt Doktor ist, viel unterwegs sei und Marion, die Schwiegertochter, bei ihm mit schaffe. Und auch sie, Bärbel, müsse noch öfters in der Woche bei ihrem Sohn Sebastian aushelfen, die Kunden und Hundepatienten empfangen, registrieren und ablenkend sich mit ihnen, sowohl dem Besitzer, als auch mit dem Tier, unterhalten, und so die Katzen und das übrige Kleinvieh beschäftigen und beruhigen.

Doch schon Tage darauf rief Bärbel unerwartet an und kam ohne große Umschweife und fragte, ob die Einladung ernst gemeint gewesen wäre. Ihre Söhne hätten ihr frei gegeben und ihr doch beide geraten, die Einladung anzunehmen und nach Bad Griesbach mitzufahren.

Griesbach

Und so starteten wir am 22.10. schon halb neun vor Bärbels Tür auf der Rockauer Strasse gemeinsam nach Bad Griesbach und bezogen bereits nach zwei Uhr am Nachmittag unsere Zimmer. Bärbels Zimmer lag nur zwei Türen weiter, beide schauten wir auf das Brunnenplatzerl mit dem plätschernden Brunnen und Hühnerliesel herab. Auf der Fahrt überkam uns nur kurz vor dem Fränkischen Wald ein Platzregen. Doch wir ließen die grauen Wolken über dem fränkischen Wald und Regensburg links der Donau liegen. Sie drohten uns aber ständig unseren Weg zu kreuzen, doch hielt sie dann der Große Arber auf und sie blieben an ihm, oder bei ihm hängen.

Ab Deggendorf war schließlich klare Sicht und eine glatte Fahrt, dank des neuen und glatten Autobahnbelags auf der A3, von Regensburg nach Passau. Am Abend begrüßte uns schon Jannis Logdanidis mit einem warmen Händedruck und einem gekühlten Uso in seinem gut gefüllten Griechenrestaurant. Dem Uso folgte ein großer Teller mit Salat und darauf ein riesiger Spießbraten mit Reis und als Abschluss ein Törtchen auf einem mit Schokolade umrandeten Teller. Und das alles wurde mit einem Uso hinabgespült und hinabgeplaudert.

Das Frühstück am nächsten Morgen nahmen wir im Frühstücksraum des Blumenhofes, eine Etage tiefer als unsere Appartementzimmer, ein, wie die folgenden Tage auch. Frau Keusch, unsere Masseurin, schaute gleich am ersten Morgen bei uns zur Terminabsprache herein, sie hatte uns nicht nur eingeplant, sie hatte uns schon durchgeplant und auch schon bei der Kurärztin, Dr. Reinelt, im Birkenhof, für den gleichen Tag um 11.15 Uhr angemeldet. Und so nahm unser Kuraufenthalt seinen schnellen Lauf mit uns beiden auf.

Bei unserem ersten Gang zur Anmeldung in der Therme, saß in der Ecke auf dem Gang unseres Flures ein junger Mann, etwas fremdländisch aussehend, groß und stark und schaute auf seinen Laptop. Ich blieb stehen und sprach ihn an. Es war, wie ich ahnte, ein Ungar, Péter Bánfi, aus Székesfehérvár / Stuhlweissenburg. Der etwa 40 jährige und kräftige Mann war zum Arbeiten und zum Geldverdienen nach Deutschland, Bad Griesbach-Therme, gekommen, wie andere Männer aus Ungarn auch in der Therme beschäftigt sind. Doch sein erster Einsatz im Sauna- und Dampf-bäderbereich der Badeanlage, als Hilfsarbeiter und Aushelfer als Frühschichtraumputzer, behagte ihm nicht ganz. Er wollte, wie seine Landsleute auch, in die Thermenaufsicht oder als Bademeis-ter eingesetzt werden.

Doch dazu musste er sich erst qualifizieren oder hochdienen. Nur seine Deutschkenntnisse waren noch sehr bescheiden. So war er sehr froh, sich mit mir gelegentlich in Ungarisch unterhalten zu können und nahm mein Angebot gern an, dass ich im Bedarfsfalle ihm als Dolmetscher zur Seite stehen würde. Nur bei seinen Stell-dicheinen, seinen Dates, wie die Jugend heute sagt, könne ich ihm nicht helfen, geschweige denn beistehen. Da müsse er allein zu-recht kommen. Seine Intelligenz, bzw. seine Sprachbegabung, war mir bei den ersten Gesprächen, die nur in Ungarisch gingen, da so direkt nicht einzuschätzen.

Bei der weiteren Unterhaltung erkundigte er sich nach der Her-kunft meiner Ungarischkenntnisse. Dabei stellte sich heraus, dass er, ein ungarischer Mann, der schon ein halbes Leben hinter sich hat, keinerlei Wissen, ja gar keine Ahnung von der Vertreibung der Deutschen aus Ungarn nach dem Zweiten Weltkrieg, in den Jahren 1946-1948, hatte. Was mich sehr verwunderte und etwas auf seine Intelligenz und sein mangelndes, fehlendes Allgemein-wissen schließen ließ.

Natürlich wurde in der Presse Ungarns damals, besonders in der liberalen Bauernpresse, die stark nationalistisch ausgerichtet war, und in der Kommunistischen Presse der Arbeiterpartei, davon auch wenig berichtet. So, dass nur das nähere Umland zuerst von den Enteignungen und später von den Vertreibungen der Deut-schen Kenntnis hatte und diese teils sehr begrüßte. Ein Teil der Ungarn hielt sich dazu aber sehr zurück. Und der aufgeklärte und intelligente Teil der Magyaren lehnte sie sogar sehr ab und sympathisierte mit den Deutschen in ihrem Lande. Viele von ihnen waren mit den Deutschen befreundet, wenige Ungarn hatten sogar deutsche Ehepartner.

Tage später fuhren wir mit Frau Keusch den Ungarn nach Stadt Griesbach am Hauptplatz hinüber zu einem Deutschkurs in der Volkshochschule. Eine Russin gab da Deutsch für Ausländer. Als wir ankamen, warteten schon drei oder vier Damen auf die Lektorin. Sie kam wenige Minuten später und war erfreut über den Neuzugang und über seine nette Umsorgung durch uns. Aber leider hielt unser Förderling nicht lange durch, wie mir später Frau Keusch am Telefon mitteilte. Und sie warf daraufhin das Umsorgungshandtuch und stellte ihre naturgegebene, freundliche Fürsorge für Péter Bánfi ein.

Bánfi arbeitet heute noch als Hilfskraft im Türkischbad und der Therme als Reinigungskraft und hilft gelegentlich in Wirtschaften am Kurplatzel abräumen und andere Hilfstätigkeiten, wie an Bistros, verrichten. Seine Sprachkenntnisse seien zu schlecht, meint der leitende Bademeister, um in den Bädern mit den Badegästen zu arbeiten. Er sei wohl sprachlich nicht sehr talentiert, fügte er noch hinzu. Der Bademeister selbst ist in Rumänien geboren, dort in der Region mit Ungarn groß geworden und spricht fließend Ungarisch. Wir sprechen oft Ungarisch zusammen, einfach der Übung und des Gaudis halber.

Und eine Begegnung mit mir umging Péter Bánfi bei unserem letzten Aufenthalt in Bad Griesbach Therme, weit vorausschauend und weiträumig, aus der Ferne winkend, wenn die Situation zu eindeutig war.

Thermalbad und Blumenhof

Griesbach kurbelte in den sechziger Jahren, schon einige Jahre nach dem II. Weltkrieg, als die Wirtschaft in Schwung kam, auf Initiative der Familie Hartl, einen Zweckverband zur touristischen Entwicklung an. Der Ort bekam die Anerkennungsstufe „Erholungsort" später dann „Luftkurort" und es begannen an einigen

Stellen Bohrungen nach Thermalmineralwasser. Ab 1977 wurden dann ein Kurmittelhaus, erste Hotels und ein Kursaal, dann Kliniken, Apartmenthäuser, Tiefgaragen und Bademäntelgänge gebaut. Daraufhin wurde dem Bereich Thermalzentrum die Bezeichnung „Heilbad" verliehen.

Nur einige wenige Jahre später wurde die Grundlage für den Golfsport in der Region um Griesbach geschaffen, was zusätzlich Sportler und zahlungskräftige Touristen und Badegäste nach sich und heranzog. Der Boom der siebziger Jahre ließ aber in den achtziger Jahren etwas nach, doch die politische Wende und die Wiedervereinigung der zwei deutschen Nachkriegsteilstaaten brachte eine zweite Klientel, die ältere Generation, vor allem Rentner aus dem Osten Deutschlands, auch aus dem Tal der Ahnungslosen, nach Bad Griesbach.

Diese Ostklientel, auf den Westen und auch auf Niederbayern neugierig, kam gern in die neue Heimat, und verhinderte so mit, ohne es zu wissen und bewusst zu wollen, den Absturz des Thermalbetriebes im Bäderdreieck, im - schier, diesbezüglich auch Tal der Ahnungslosen, an der Rott.

Griesbach wurde selbst und der Thermalbadbereich immer besser ausgebaut, der Kurbetrieb wuchs immer weiter und das Bäderdreieck, Birnbach-Füssing-Griesbach wurde national und international bekannt und anerkannt. Ein einzigartiger Ort der Verbindung von Wellness, Gesundheit und Erholung, Sport und Genuss. Nach der Renovierung und dem teilweisen Umbau 2017 / 2018 und der Erneuerung bei laufendem Kurbetrieb, ist Bad Griesbach-Therme geradezu eine Perle von einem Bade- Kur- Wohlfühl-Erholungsort im großen Landesdreieck zwischen Donau und Inn in Niederbayern, an der Rott.

Bad Griesbach Therme
Das Thermalbad Wohlfühltherme liegt im Rottal auf einer Anhöhenzunge nördlich über Singham und Schwaim und wird im Osten von Karpfham, Afham und Aunham, im Norden von Höllthal und

Bad Griesbach und im Westen von Oberham flankiert. Die mittlere Entfernung von der Rott bei Schwaim ist ein knapper Kilometer, der Aufstieg im Höhenunterschied etwa 100 Meter, eine knappe halbe Stunde. Der Marsch von oben nach unten ist in guten zwanzig Minuten geschafft. Grießbach Therme ist aus dem Rottal schon weithin sichtbar.

Das Thermenplateau weist nur geringe Höhenunterschiede auf, fällt aber nach Süden, Osten und Westen etwas ab, am stärksten nach Süden, nach Schwaim und Singham zu. Die bequemste und schnellste Verbindung zu Fuß von oben nach Schwaim hinunter führt über die Ludwigpromenade. Die Thermalbadfläche ist östlich und westlich von Kurparkflächen mit überwiegend Laubbäumen beschattet, umgeben.

In das Thermenareal hinein führt von der Strasse PA73, die von Oberham nach Bad Griesbach geht, die Kurallee. Die Bebauung gruppiert sich oberhalb des Thermalbades um den Kurplatz, das Kurplatzl mit dem Kurhaus und die Thermalbadstrasse. Ein großer Buß- und PKW-Parkplatz an der Einfahrt zur Therme und ein großes dreietagiges Parkstadel am Rondell und Eingang zur Therme, gegenüber der malerischen Emauskirche, halten einen guten Teil der Karossen der Therme fern. Einige Kurhotels haben ihre eigenen unterirdischen Parkhäuser.

Am südlichen Rand des Kurparks, bevor das Plateau nach Singham hinabfällt, steht ein Pavillon, von wo aus man die bayrische und österreichische Bergwelt gut sehen und identifizieren kann. Ein herrliches Bergpanorama erhebt sich in der Ferne, wenn man seinen Blick von der Aussichtsplattform hinunter ins Tal, über den Campingplatz bei Singham, weiter über das Tal der Rott und über Karpfham und das Kloster Asbach hinauf und Rotthalmünster und den Inn nach Süden, über das Alpenvorland und dann über die Bayrischen Alpen und weiter links die Salzburger Alpen schweifen lässt.

Bei guter Sicht schichten sich drei Bergketten hintereinander, aus denen sich, von rechts nach links, die Zugspitze mit ihren 2900 Metern, etwas zurückgesetzt, der Großglockner mit seinen 3800

Metern dominiert, der Watzmann mit 2714 Metern sich in den Vordergrund rückt, und dahinter, etwas weiter links, der Hochkönig mit 2940 Metern prunkt, und noch einen Schwenk weiter links, der Dachstein, mit seinen 2956 Metern, auch im Sommer schneeweiß, blinkt.

Zu der Aussichtsplattform führen mehrere gut gesplittete Fußwege aus den Kurparks und ein Finnenrundweg, der, mit dicken Bohlen umfasst, mit Holzrinden ausgelegt ist und ein elastisches Gehen mit und ohne „Stöckerl" erlaubt. Manchem Kurgast gefällt die Finnenwegbahn, aber ein Lächeln schiebt sich über die Gesichter anderer, wenn Hundebesitzer ihre Promenadenmischungen, die Sissis, Pussis und Kaiser frei laufen lassen und die ihrerseits ihre Notdurft frei über die Späne laufen lassen, gar gezielt bespritzen, in der Meinung der Besitzer, dass dadurch der Rindenmulch noch elastischer wippe.

Inmitten des östlichen Kurparks, oberhalb der Thermalstrasse und seiner Kurhotels, steht ein kleines, weithin leuchtendes Kirchlein, mit einem kleinen Altar und einem halben Dutzend Bankstühlen, auf die Engel von den Wänden herabschauen. Kerzenständer links und rechts laden die Kurgäste zum Anzünden mit Weichblech gefasster Flachkerzen, auch zur Erinnerung an ihre Lieben und zum kurzen Verweilen, ein.

Der Blumenhof

Der Blumenhof selbst ist einem niederbayrisch-rottaler Vierseitenhof nachempfunden, mit einem rechteckigen, fast quadratischen Grundriss angelegt. Das Appartement-Hotel verfügt über drei Gästeetagen mit sechs bis sieben Doppelzimmern nach jeder Seite, nur wenigen Einzelzimmern, und einem Bademantelgang zum Bade- und Kurmittelbereich. Die Zimmer, bzw. Appartements sind zwischen 25-60 qm groß, geschmackvoll eingerichtet und bieten den Gästen einen schon sehr gehobenen Wohnkomfort. Alle Appartements sind mit Küche und Bad ausgestattet und durch die davor liegenden Balkone ist freie Sicht und eine gute

Aussicht gegeben. Das sind schon ideale Bedingungen für einen Bade- und Kuraufenthalt.

Die Untergeschoßfläche teilt sich auf Grund der naturgegebenen Hanglage in zwei Ebenen. Die Hauptfront zur Thermalbad Promenade, umfasst, neben dem Eingang zum Hotel, kleine Kleiderboutiquen, auch Badekleidung. An der Seite zum Bad präsentieren sich ein kleines Juweliergeschäft und Geschäfte für Bayrische Trachtenmode, für Miederwaren und für Schuhe. Die Front zum Kurplatz, die eine Ebene tiefer liegt als die Frontseite, wird neben dem unteren Eingang zum Hotel, von einer italienischen Cafeteria mit Eisverkauf dominiert, die von einer kleinen Weinboutique flankiert wird.

Das Thermalbad

ist vom Blumenhof durch einen Bademantelgang über einen überdachten, verglasten Brückengang direkt verbunden. Die Behandlungsräume des Bädertraktes liegen über dem Haupteingang zur Kurplatzseite. Der Kassenbereich und ein Restaurant liegen schon über dem Bad. An die Umkleideräume schließt das eigentliche Bad und die Dampf- und Sauna und ein Türkischbad an. Das Bad selbst ist wiederum wie ein Dreiseitenhof aufgeteilt. Es umfasst im linken Innenbereich ein größeres Warmbadebecken mit 36 Grad Wassertemperatur, dem sich direkt ein 36-Grad warmes Außenbecken anschließt. Im rechten Innenbereich befinden sich drei 34-Grad Warmwasserbecken, die auch für Heilgymnastik genutzt werden. Eines dieser Becken wird zeitweilig gewirbelt.

Das von diesem Trakt erreichbare Außenbecken, der sogenannte „Nudeltopf" mit seinen 34 Grad, ist der meistgenutzte Publikumstreff und das Sonnenbad, mit einer großen Liegewiese umrahmt. Hier tummeln sich vor allem die Wochenendbesucher, die auch ihre Kinder mit bringen. Der Stimmenlärm am Wochenende und an Feiertagen ist entsprechend lauter.

Zwischen den zwei überdachten Bäderbereichen befindet sich ein etwa 28 Grad warmes Schwimmbecken, sowohl für Brust-, als auch für Rückenschwimmen. Das nutze ich bei jedem Badbesuch als Einlauf- und Einfühlbecken und zum körperlichen Aufwärmen und ich schwimme darin bei jedem Badegang zwei bis drei Runden, davon mindestens eine im Rückenschwimmabteil. Das abgeteilte Reich für Rückenschwimmer ist von der Mehrzahl der Schwimmer weniger gefragt und ist auch für mich so angenehmer, erbaulicher.

Den Außenbecken schließen sich Liegewiesen mit verstellbaren Liegen, blauweißgestreift bezogen, an. Die Bäder werden täglich gereinigt, das Wasser über Nacht gewechselt. Die Becken haben ständigen Zu- und Abfluss. Ein echtes Wohlfühlbad. Kleine Kaltwasserbecken und ein kaltes Wassertretbecken ergänzen den Wohlfühlbereich außen.

Ein Dampfbäderbereich und ein Sauna- und Türkischbadbereich und zwei große Ruhe- und Liegräume vervollständigen den Badewohlfühlkomfort im Innenbereich. Diese Bereiche sind von der Mehrheit weniger besucht.

Im Eingangsbereich zum Bad liegt rechterhand in Höhe der Kassen eine Kantine, die auch aus dem Bädertrakt zugänglich ist. Gewöhnungsbedürftig ist jedoch, wenn man mit Straßenbekleidung in der Kantine beim Steak mit Rösti sitzt und Damen und Herren aus dem Bad hereinschlürfen, die Damen mit knappen Bikinis, und die Herren mit langen Unterhosen, die sie und ihre Damenbegleitung als Badekleidung, sprich Badehosen, offensichtlich sexy finden.

Balkon zum Platzl

Wir saßen mit Bärbel auf dem Balkon des Blumenhofs und schauten herab auf das Brunnenplatzl. Den Einkaufsladen und das ASIAN unter der Arkade links, mit blanken Tischen vor dem Asian, und das WEINBEISERL zur Kanne rechts um die Ecke und die mit rotweißkarierten Decken geschmückten Tische. Über dem Weinbeiserl lädt das BLUMENCAFÉ Klein zum Mittagstisch, Kuchen und Kaffee ein. Daneben, und uns direkt vis-a-vis, hat Jannis Nikolaidis vor knapp drei Jahren sein Griechisches Restaurant SALONIKI eröffnet und erfreut sich all abendlich (nur Dienstags hat er zu) zahlreicher Gäste. Und rechts von Jannis Nikolaidis, Wand an Wand, am Ende dieser Platzl Seite, serviert Anna im RICCIOTTI italienische Gerichte.

Die gegenüberliegende Bebauungsseite, wird von unserer zeitweilig bewohnten und besetzten Balkonaussichtseite her mit einem Arkadengang in der unteren Ebene und darüber über einen geschlossenen Brückenbogen mit einem den Räumen vorgelagerten Gang verbunden. Er führt zu den, unseren Balkons gegenüberliegenden, Appartements und Privatwohnungen in den zwei Etagen über der Gastronomie.

Der Blick auf die uns gegenüberliegende Gastronomieseite mit ihren dezent erleuchteten Räumen wird uns besonders an warmen Abenden, wenn die Gastronomie Besucherscharen am Platzerl und über das Pflaster am Platzerl klappern, plappern oder schweben, besonders heimelig. Und wir zitieren dann immer gern gemeinsam aus Goethes Faust:

„Verweile doch, du bist so schön".
Und weil es so schön ist, sind wir jährlich wenigstens einmal Gast des Hauses und des Bades und damit Niederbayerns und seiner Naturschönheit und seiner Gastlichkeit, mit seinen kschmackigen Schmankerln, bei köstlichem Bier.

Von unserem Balkon schauen wir auf das Brunnenplatzl, das auch wie ein Vierseitenhof umbaut ist, dessen Terrain aber vom großen Kurplatz her, von unserem Balkon linkerhand, zum Kulturhaus hin, rechterhand, ansteigt.

Der Einkaufsladen

Vom großen Kurplatz zum kleineren Kurplatzl kommt man durch ein überbautes Tor. Man steigt leicht an und kommt gleich linkerhand, wenige Stufen hoch, zu einem Einkaufsladen von Herrn Fischer. Der Laden gleicht einem früheren Lebensmitteleinkaufsladen, der vielen noch als Tante-Emma-Laden bekannt ist und neben Lebensmitteln alle Waren des täglichen Bedarfs führt. Getränke aller Art, außer Bier, werden angeboten. Waschmittel, Seifen, Spirituosen, und ein großes Weinregal und sein Sortiment zieren die Wände. Eine Fleischtheke und eine Obsttheke, neu eingerichtet, drängen die alkoholfreien Getränkeflaschen in den hinteren Verkaufraumbereich.

Der Laden ist als Schnellversorgung der Kurgäste der umliegenden Kurhotels und Kurhöfe da, die ihren Einkauf nicht in den großen Märkten von Müller, Aldi, Lidl, Netto bis Edeka tätigen wollen, vergessen haben oder nicht motorisiert anreisen. Viele Badegäste kaufen auch noch gern bei Herrn Fischer ein, weil sie einen kleinen Plausch und eine schnelle und freundliche Beratung einem stressigen und orientierungslosen Einkauf in den großen Supermärkten vorziehen.

Und Herr Fischer ist ein freundlicher Mann, etwas über der Fünfzig. Und er hat jeden Morgen frische Brötchen, auch an Sonn- und Feiertagen. Und das zieht die Frühaufsteher, die zwar von den Glocken der sehr schön am Eingang zu Griesbach Therme platzierten Emauskirche geweckt werden, nicht aber von den Rufen des HERREN und der Predigt des Pfarrers, sondern den Brötchen des Herrn Fischer angezogen werden. Einige ältere Herren finden auch den Weg zur Kirche schon viel weiter als den zu dem Einkaufsladen unter dem Arkadengang.

Die politisch wichtigen, und manchmal auch die unwichtigen, Ereignisse und die, für einige Männer so überaus wichtigen, fast lebensnotwendigen Ergebnisse der Spiele der Fußballbundesliga, der Unterligen und der unverzichtbaren Länderspiele erhält jedermann, Männlein wie Weiblein, vom frühen Morgen bis spät am Abend gratis.

Das Asian

Das schmale Restaurant neben der Einkaufshalle von Herrn Fischer, das jetzige ASIAN, wird von einer chinesischen Wirtin und einem deutsch-türkisch-stämmigen Wirt geführt und die Düfte aus der Küche und ihre beiden kleinen Schulkinder überziehen und durchziehen fröhlich das Lokal und das Platzl. Die asiatischen Gerichte ziehen wieder uns an und verlocken uns immer wieder zu einem Besuch und wir werden nicht nur freundlich empfangen und gut bedient. Nach den asiatisch gebackenen Nudeln mit knuspriger Ente oder knusprigem Huhn wird uns immer ein Eis mit Granatapfelsoße einmaliger und leckerster Güte serviert.

Jährlich fliegt Memet Sem, der Wirt, mehrmals nach Hause zu seiner Mutter in die Türkei und holt in fliegertauglichen Mengen Granatapfelsoße, die aus den Früchten seiner Mutters oder seiner Granatapfelplantagen geschüttelt, getreten, gepresst, gegart und verdickt wurden. Die Memet auf diese Weise für uns, und natürlich für alle Besucher des ASIAN Restaurants, nach Deutschland einfliegt, um uns mit diesem Schmankerl zu beglücken.

Das Weinbeiserl

Das frühere Niklasstüberl war immer blaukariert überzogen, wie das Dirndl der blonden, jungen Wirtin. Die jetzigen Wirtsleut, Jutta und Manfred Grigoriew, die die Gaststätte seit geraumer Zeit übernommen und als WEINBEISERL zur Kanne führen, bevorzugen rot karierte Decken und wir ihren Rotwein. Besonders wenn uns die Wirtin dazu ihre frisch aus dem Ofen gezogenen und mit Salami, Schinken und Käse und Zwiebelringen belegten

Flammkuchen mit einem wohltemperierten Rotwein und ihrem freundlichen Charme serviert.

Wir schwanken mal nach einem Merlot, mal nach einem Pinot Noire, Sankt Laurent oder Zweigelt, die in den nahegelegen österreichischen Weinbergen und Weinkellern gekeltert und gereift wurden, reif wie die dunklen Trauben an den soldatisch gereihten Rebstöcken an den Hängen im ungarisch-österreichischen Burgenland oder an den nach Tschechien hinaufziehenden Hängen entlang der Donau, in unsere Blumenhofbetten. Und das besonders, wenn Manfred, der gastfreundliche und redliche und redselige Wirt uns mit einer seinen lustigen Geschichten, zu den Rosmarinzigarren, einem Knuspergebäck mit Pfeffer und Rosmarin obendrauf, das seine Frau Jutta hinter den Kulissen, nur wenige Schritte hinter der Theke, zubereitet, uns bis zur Türe geleitet. Eine Geschichte, wie ich sie immer wieder gern erzähle, ist die der Herrgottsbescheißerle.

Manfred erklärte die Herrgottsbescheißerle, nach dem wir eine Maultaschensuppe, also Maultaschen in Bouillon, bestellt hatten: Die Maultaschen wurden in Baden, woher Jutta und Manfred ursprünglich kommen, von den Mönchen Herrgottsbescheißerle genannt, weil an Karfreitagen die Mönche fleischlos essen sollten, aber auf Gewohntes nicht verzichten wollten. Also verpackten sie ihr kleingehacktes Fleisch in kleinen Teigplatten und garten oder backten es. So wurde halt von ihnen ihr Herrgott an „fleischlosen" Tagen beschissen. Und Herrgottsbescheißerle schmeckten zu einem trockenen Merlot oder Zweigelt bei Jutta und Manfred köstlich. Doch sicher sind auch andere Weine oder gute Getränke zuträglich, grad auch zu den Weinbeiserlknusperle, den Rosmarinzigarren. Oder auch, wie ich zu einer anderen Gelegenheit erfuhr und zu dieser hier erzählen möchte.

Ich fasse die Geschichte hier extra kurz. Denn es war Winter und es war kalt. Und im Winter erzählt man gern lange Geschichten. Und in Sibirien, wo die Geschichte ihren Ursprung hat, erst rechthin. Unsere Freunde, die Biologin, Dr. Maria und der Chemiker, Prof. Dr. Peter Mühl, hatten drei kleine Töchter zwischen acht und zehn Jahren, eine Oma und einen hohen Besuch, den bekannten Chemiker, Dr. Alexander Koretzki, aus dem noch kälteren Novosibirsk / Akademgorodok aus der damaligen Sowjetunion, dem heutigen Russland, zu Gast. Die Freundschaft entsprang einer Kollegialität und einem Aufenthalt Peters in Akademgorodok. Wir kannten uns mit Alexander auch von dorther.

Eines Abends empfahl der Gast, dass er die Küche übernehme, in der die Oma, Peters Mutter, entlaste und einen Pelmeniabend bereite. Maria und Peter sollten uns zu Gast laden und einige Getränke bereithalten. Wir kamen, es brodelte und es brutzelte bereits in der Küche, wir tranken erst mal einen Klaren und auf die Freundschaft und dann fing der Abend an. Pelmeni wurden gemacht, zur Küche gebracht und gegart. Die Teller wurden bei jedem mit drei bis vier Pelmeni belegt, in einer Größe, dass je ein Pelmeni in den Mund passte. Darauf kamen dann zwei Löffel Bouillon, später dann je nach Art dosiert, und man wünschte „priatnowo appetito" guten Appetit.

Es wurden von allen um den Tisch neue Teigplatten aus Mehl, etwas Wasser, Salz und Eiweiß geknetet, mit Schweinegehacktem, später Rind- oder Schafgehacktem belegt, zu einer Art Rosette gebündelt, zur Küche gebracht und, nach wenigen Minuten der Garung, wieder zurückgebracht, mit Tomatensoße, mit Kognak, mit Rotwein, mit Wodka oder anderen „Soßen" gegessen. Die Kinder assistierten fröhlich dem Koch und seinen Gästen. Alexander, der fortan nur noch Pelmeni hieß, kommandierte aus der Küchentür, wir arbeiteten und schluckten. Mehl und Teig wurden vom Tisch gestreut und verteilte sich gleichmäßig in der Stube und auf der Stufe zur Küche und in der Küche.

Die Kinder fingen an zu tanzen und nach reichlichem Genuss sprang und ging alles durcheinander, die Kinder jauchzten, die Oma schlug die Hände überm Kopf zusammen und ging. Alexander stand fest in der Verbindungstür zur Küche und gab weitere Kommandos, die Küche hinter ihm brodelte, das Schlachtfeld tobte.

Und nach überstandener Party ließen unsere Freunde ihre Stube und die Küche renovieren. Das waren echte Herrgottsbescheißerle russischer Art.

Das Saloniki

Die Renovierung und Neuvorrichtung des Restaurants SALONIKI beobachteten wir vor Jahren im Mai auch von unserem Balkon aus. Das Hämmern und Bohren hallte abwechselnd über das Platzerl, auch das Streichen der Außenfassade schob sein krächzendes Geräusch und seinen chremweißen Malfarbenduft zu uns auf den Balkon herüber. Aus den Gesprächfetzen mit gelegentlichen Hilfskräften konnte man zwar einen auswärtigen Sound herausfiltern, dass ein griechisches Lokal entstünde war erst mit der fertigen und strahlenden Überschrift:

S A L O N I K I
Jannis Nikolaidis

sichtbar.

Jannis Nikolaidis machte viele Arbeiten selbst und vertauschte schließlich seinen grauen Drillich in einen feinen grauen Zwirn, mit strahlend weißem Hemd und steifer, dunkler Weste und steht, läuft und kommandiert noch heute so durch seine Räume. Er empfängt seine wiederkehrenden Gäste mit festem Handschlag und einem freundlichen „Kali Spera" (guten Abend), geleitet sie an einen Tisch und verabschiedet sie später mit „Kali Nichta" (gute Nacht). Und die Wiederkehrenden wieder mit Handschlag beim Gehen.

Er nimmt an den Tischen die Bestellwünsche, verbindlich knapp auf und gibt sie direkt weiter und lässt sein Personal laufen, flott Sirtaki tanzen. Zwischendurch schaut er an den Tischen vorbei, dass auch alles seine Ordnung hat und auch ja kein weiterer Wunsch offen bleibt. Zum Kassieren kommt er wieder an die Tische und kassiert lächelnd selbst. Sonst steht er und schaut, gibt leise Hinweise, auch mit Zeichen, ist aber ansonsten gesprächsleise, fast -karg, -arm.

Den Gerichten wird ein Uso vorgeschoben, ein kühler, glitzernder Anisschnaps. Dann folgt ein würziger, essigsaurer, gemischter Salat mit einigen großen Zwiebelringen obenauf. Den reichlich tellergroßen und gschmackigen Steaks mit knoblauchlauter Zaziki, in Reis oder anderer Begleitung, wird ein kleines, gut dekoriertes Törtchen, mit etwas Schokoladensoße umrankt, nachgeschoben und mit einem Uso dann schließlich alles blank gespült.

Alles ist richtig temperiert, heiß oder frisch, je nach Art, aus der Küche vom Herd, vom Fass oder aus der Flasche. Köstlich, sättigend und knackig, sagt der Bayer zufrieden. Die Schefin der Küche, Gulya, etwas jünger als der Wirt, schaut zuweilen in den Saal, begrüßt manchen Gast, zuerst die nahe der Theke sitzende Verwandtschaft oder Bekanntschaft, verweilt auch zuweilen zu einem Plaudern bei öfters einkehrenden Gästen und gibt sich mütterlich warm. Ihr Jannis begrüßt derweil neue Gäste und gibt sich steif und geschäftstüchtig unterkühlt.

Das Da Anna

Die Anna aus dem

RICCIOTTI

da Anna

wirkt fast wie ein Gegenpol zu ihrem Nachbarn Jannis. Sie springt fröhlich durch den Saal, begrüßt ihre Gäste an der Tür oder am Tisch, je nach dem wo sie gerade herumwirbelt. Mal zapft sie selbst am Hahn, nimmt die Bestellungen auf, trägt die Speisen an die Tische, gibt ihren zwei Kellnern mit einem Wink leise Kommandos und ruft schon wieder in die Küche oder an die Theke, die derweil ihre Helfer und Bedienstete übernahmen, mal der ruhig und gastronomisch erfahrene Herr im reifen Mannesalter, mal die junge, blonde und sich charmant einbringende Juliska aus Budapest, die mir besonders sympathisch und gewogen ist, nicht nur weil ich mit ihr ungarisch flirten kann.

Bei Anna läuft alles ruhig, aber emsig und es liegt ein italienischer Flair im Raum, der durch ein Gewirr von Stimmen getragen wird, mal höher und mal tiefer durch das große, aber sehr wohl geteilte und angeordnete Restaurant, zieht.

Auch hier sind die Teller groß, doch die Pizzen reichen weit über den Rand hinaus und die Nudelgerichte kommen auf Tellerbergen auf den Tisch, die Lasagne kommt dampfend in Schüsseln, die in Form und Größe an einen überfüllten und dampfenden Elbdampfer erinnern. Und die Wirtin kommt und strahlt, dass wir sie wieder besuchen und fragt wie es geht und wie uns die Wärme in Griesbach gut tut und meint, dass wir überhaupt unverändert gut aussähen, fast wie verjüngt. Charmant!

Und ihr rhetorischer Scharm knickt erst etwas ein, als wir nach dem Befinden ihrer Mutter und Altwirtin fragen. Ja, sie sei leider verstorben, die ältere Dame, die gerade an der Theke aushelfe, sei ihrer Mutter jüngere Schwester, ihre liebe Tante. Doch in dem Moment kommen eine handvoll neue Gäste durch die Tür und sie eilt davon und wünscht uns, schon kurz vor der Treppe, einen guten Appetit und meint, dass wir doch bald wieder vorbei schauen, und meint sicher, zu ihr hereinschauen sollten. Was wir uns denn auch vornahmen.

Juliska kommt, offensichtlich von der Wirtin aufmerksam gemacht, und übernimmt den Small Talk, doch besser und mir lieber: unsere kleine Unterhaltung, erst deutsch, dann ungarisch, (kis udvarlás), charmant. Und der von ihr danach auch gleich gebrachte Halbliterkrug mit Montepulciano ist nicht nur wohltemperiert, der Tonkrug ist auch übervoll. Als wir dann genussvoll mit Bärbel anstoßen und ich in die Runde des gut gefüllten Saales und des Hochsitzes schaue, der geschätzt 120 Gästen oder auch mehr, allein innen, Platz bietet, kommt mir ein Zweifel, ob Jannis, der kühle griechische Zaziki-Ouso Jannis, mit der quirligen italienischen Nudel und Pasta Anna, Schritt halten wird können.

Das Kulturhaus

Das Da Anna ist der Abschluss der Kneipenzeile und das Eck zum Kurhaus, das den oberen Abschluss des Kurplatzl bildet. Das kopfsteingepflasterte Kurplatzl, nach unten durch einen überbauten Torbogen vom Kurplatz abgegrenzt, steigt zum Kurhaus hin leicht an, so dass die eisenbereiften Stöckelschule das Platzl aufwärts leise stöhnen um abwärts um so lauter zu plappern und zu klappern. Zum Kurplatzl hin ist das Kurhaus durchsichtig von unten bis oben, so dass nachts das Platzl durch seine Beleuchtung zusätzlich beleuchtet wird. Alle größeren Veranstaltungen, einschließlich der Kurkonzerte bei Regen, finden im Kursaal statt. Der Saal fast bei voller Bestuhlung an die 500 Gäste. Kleinere Veranstaltungen, wie Konzerte, Lesungen, Lichtbilder- und Filmvorführungen werden im Kleinen Saal an der Stirnseite des Kulturhauses, mit Eingang aus dem Durchgang unter dem großen Saal, durchgeführt.

Die Zahl der meist eintrittsfreien Veranstaltungen ist in den letzten Herbst- und Wintermonaten leider etwas zurückgefahren worden, weil auch der Kurbetrieb in diesen Monaten im Vergleich zur Gründerzeit, den guten alten Zeiten, des Thermenbetriebes zurückgegangen ist. Die Verkürzung der von der Kasse gestützten Aufenthalte hat den Kurbetrieb stark dezimiert, so dass etliche Häuser in neuerer Zeit mit dem Überleben zu kämpfen haben, wenn sie nicht gar schon ihre Pforten geschlossen haben. Spürbar ist das auch an dem zunehmenden Durchschnittsalter des Kurpublikums, das nur an Sonn- und Feiertagen und deren Brückentagen, deutlich verjüngt wird.

Der Heurige

Die Ess-, Unterhaltungs- und Tanzgasstätte schließt mit ihren Mauern direkt an den Kultursaal an, liegt teils sogar darunter, aber schon jenseits der Fussgängermagistrale. Doch die Heurigen-Musik unterhält und beschallt auch die Gäste auf der Thermenpromenade, ja sogar auf dem Platzl und die Blumenhofgäste auf ihren Balkonen. Einige Spätheimkehrer vom Heurigen meinen sogar, dass sie das Hühnerliesel auf dem Platzl in lauschigen Nächten sich im Reigen der Heurigenschrammeln sich schon so wiegen gesehen haben, dass ihr Huhn unter ihrem Arm laut zu gackern anfing.

Unser Balkon zum Platzl und unsere Ohren konnten ein Gackern des Hühnerlieselhuhnes aber noch nicht hören. Ist es, weil das Klappern der metall- und hartstoffbereiften Schuhe und das Plappern und Lachen der Heurigenspätheimkehrer das Huhn erschreckt und sich in die Achselhöhle der Hühnerliesel zurückzieht? An lauschigen Frühjahrs- und Sommerabenden, wie sie sich dieses Jahr dicht aneinander reihten, hatte sicher auch das Huhn öfters das Bedürfnis, sich unter die Achselhöhle seiner Liesel zurückzuziehen. Oder lag es doch daran, dass unsere mit Thermalwasser getränkten Ohren die lauten, schrillen und kreischenden Laute verschluckten?

Doch eines dringt bis auf unsere Balkone hoch. Der Heurige ist ein beliebtes und stimmungsvolles Lokal, Weinstüberl und Restaurant, das seinen Gästen bei stimmungsvoller Musik gschmackige Bratenstücke mit Knödel, und einen Salat an der Theke, und beeindruckenden Weinen serviert, unterhält und dabei geräuscharm sättigt und stillt.

Die Heurigen Musik, die meist von gestern und vorgestern und manchmal auch von vorvorgestern und noch älter ist, lässt die Gäste nicht nur nach wenigen Glaserl Heurigem oder Gestrigem, schmunzeln, singen, schunkeln und tanzen. Sie lässt sie springen, juchheen und die Röcke und die Fräcke kreischend hochwerfen und die Gläser laut klingen und manchmal auch an die Wand schmeißen, dass sie klingend zerbersten. Auch schon mal samt Inhalt. So, dass sie danach eben nicht alle durch den eigenen Scherbenhaufen den Heimweg still übers Kurplatzl finden. Das danach ihr etwas schwankende und leicht vernebelte Sehorgan ihr Hörorgan zu Hilfe rufen muß und das Klappern der Platzlsteine unter ihren Hufen ihnen ehrerbietig den nicht ganz lautlosen Heimweg weist.

Die Läden unterm Blumenhof

Wenn wir wieder vom Kurplatz durch das Tor zwischen den Bauten auf das Kurplatzl gehen, zieht sich rechterhand unter den Balkonen des Blumenhofes ein Arkadengang hin, an dem Geschäfte liegen. Ein Kleidergeschäft für Damen, neuester Mode, daneben für Herren, die gut angezogen sein wollen. Ein Uhren- und Juweliergeschäft, mit Uhren jeder Preislage für Damen und Herren, schmucke Ringe, Ketten, Broschen und anderen Schmuck, der seinen Preis hat. Auch ein Schuhgeschäft fehlt nicht, von offenen Sandalen, deren Sohlen nur mit zwei Bändchenriemen am Fuß hängen, bis hochhackige Stiefel, deren Absätze bis zum Knöchel und deren Schäfte herauf bis an die Hüfte reichen. Hausschuhe und Badelatschen gibt es dafür auf der anderen Seite des Hauses. Neben dem glänzenden Schmuckladen liegt ein Altwarenhaushaltgebrauchsladen im Tiefschlaf. Wie dessen Besitzer oder Betreiber überleben kann, ist schon fraglich. Im Schlaf wohl.

An der Vorderseite des Blumenhofes, an der Promenadenfront, ziehen zwei Herren- und Damenausstatter in ihren Bann und sind Bade und andere Dessous zu bestaunen und auch preisgünstig zu erwerben. Und auch an der Seite zur Therme hin sind Damenwäsche, ziehen Kleider nach Maß, auch schön ausgeschnittene und berüschte Bayerndirndl, bestickte Blusen und bunte, besäumte Bayerntrachtröcke die Kurgäste an die Schaufenster heran und in die Läden hinein. Den Abschluss der Zeile, schon unter dem Übergang vom Blumenhof zur Therme, bildet ein Laden für Badeutensilien, von Badekappen über Badeanzüge im Ganzen und geteilt, Badehosen, Badeschuhe und Schwimmhilfen aller Art und Farben. In einer Vielzahl, dass sie das Parterre füllt und bis in das Kellergeschoss hinabreicht.

Das Kurplatzparterre des Blumenhofes wird von einer großen Cafeteria mit Eisverkauf übers Fenster und im Inneren, italienisch dominiert. Der Laden boomt, die deutsche Ansprache und Bedienung ist überaus freundlich, die Eisbecher sind groß und über den Rand hinaus gefüllt, mit und ohne Eierlikör und andere Geschmacksverstärker, Schlagsahne und Schokolade. Kaffee, Capuccino, heiße Schokolade, kalte Milchmixgetränke ziehen Jung und Alt heran. Zum Verzehr und zum Verweilen sind Tische und Stühle über die ganze Breitseite des Blumenhofes am Kurplatz aufgereiht. Die Cafeteria ist besonders bei angekündigten und schallenden Kurkonzerten am Kurplatz überfüllt. Die Weißweine „Pinot Grigio" und „Pinot Noir" dominieren bei den älteren Herren, die sich auch zahlreich und regelmäßig, mit und ohne Absprache, in der Cafeteria einfinden. Der dritte, Pinot Nero, im Bunde der drei Weine: Grigio, Nero, Noir, fehlt am Kurplatz.

Neben dem Italiener winkt ein Spezialwein- und Spirituosen Geschäft in den Laden. Die Auslage und Aufmachung sind prunkvoll, die Zahl der geführten Weine ist hoch. Die Zahl der Kunden ist nach meiner Beobachtung niedriger, die Preise dafür sind wieder etwas höher. Und mit diesem kleinen Rundumlauf und Einblick ist die Rundumbeschreibung des Blumenhofparterres gegeben, ohne damit eine Bewertung der Güte, des Geschmacks oder der Haltbarkeit der angebotenen Waren und Produkte, geschweige denn der Überlebensfähigkeit der Läden und deren Verkaufspersonal selbst geben zu wollen.

Rund um Griesbach

Bad Griesbach in Niederbayern hat eine wunderbare Lage und ist von einer Reihe von schönen kleinen Städten und Orten umgeben, die öfters besuchenswert, weil sehenswert sind. Sobald man von der A3 abfährt und dem Schild: Bad Griesbach, folgt, ist man beeindruckt von dem satten Grün über der satten braunen Scholle, strahlt dem Ankömmling nur Akkuratesse, Sauberkeit und Vollkommenheit entgegen. Das Grün auf den Feldern und Wiesen entlang des Rottals scheint grüner, das Braun der Äcker scheint brauner als im übrigen Teil unseres Landes zu sein. Und das scheint mir nicht nur an der großen Erwartungshaltung auf eine schöne Zeit im Bäderdreieck zwischen Donau, Inn und Rott zu liegen. Selbst das Weiß der Häuser und das Rot ihrer Dächer strahlt heller, viel fröhlicher.

Für die Kurgäste werden die drei Heilquellenorte: Füssing, Birnbach und Griesbach als Heilkurorte und Erholungsorte Niederbayerns besonders hoch gepriesen. Die Vorteilsattribute für die drei Bäder übertreffen sich geradezu in ihren Steigerungsformen und weisen immer nur Superlative aus. Eins aber bleibt der Region unbenommen, es ist alles sauber, akkurat und stimmig, die Gastronomie ist vorbildlich, das bayrische Essen ist kschmackig und das Bier ist süffig, man fühlt sich einfach wohl. Für den allgemeinen Badeurlauber und Touristen sind wohl damit genug Worte gewechselt, hier: geschrieben.

Für Golfspieler sind besonders viele und schöne Anlagen um Griesbach herum zu finden. Überall auf Wiesen, wo kein Bewuchs von Hecken und Bäumen herausstrahlt, steht ein kleines Hinweisschild an einer Ecke und weist auf ein Golfodrom hin. Die Namen der Besitzer der Wiesen ist in den Umlandkarten zu finden, die Besitzer, Betreiber oder Verwalter nicht zu ersehen.

Griesbach hat viele sehenswerte Orte um sich geschart, doch hier sollen nur die kurz erwähnt werden, zu denen für mich ein gewisser Bezug besteht und ich ihnen von Griesbach aus deshalb einen Besuch abstatte.

Dingolfing.

Dingolfing liegt an der Isar, die gerade Fahrt aufgenommen hat, ehe sie bei Deggendorf, genauer bei Deggenau, in die Donau hineinschlüpft und in ihr untergeht. Denn von dem Glitzer der Isar, den man vom Turm der Stadt Dingolfing herab auf den Strom funkeln sieht, ist, beim Blick auf die Donau hinter Deggendorf, nichts mehr zu sehen.

Doch Dingolfing kann auf eine bewegte Geschichte zurückblicken und damit durchaus glänzen. Der Ort war einst weltbekannt durch seine Tuche. Das sind neben der Pfarrkirche St. Johannis, der Hochbrücke und der Stadtbefestigung gute und schöne vorzeige Vorzeitindizien. Und heute weist sich die Stadt mit dem größten BMW-Werk mit über 18 Tausend Beschäftigten, die jährlich über 300 Tausend BMWs herstellen, in und vor der Welt aus.

So ist in Dingolfing eine gute Symbiose zwischen Natur, Kultur und Wirtschaft gelungen, die auch aus allen Ecken herausstrahlt. Die Stadt ist mir aber wieder mit einer Geschichte meiner Ungarischen Freunde in Erinnerung gerufen worden und hat mich zu einem Besuch der schönen Stadt an der Isar eingeladen, geradezu gezogen.

Gegen Ende des Zweiten Weltkrieges wurden die höheren Semester der Budapester Technischen Hochschule vor der herannahenden Front im Herbst 1944 ausgelagert. Sie wurden zunächst nach Breslau und wenig später nach Dresden gebracht. Dort waren sie in einer Villa zwischen dem Großer Garten und Fetscherplatz einquartiert.

Als das Bombardement über Dresden am 13./14. Februar 1945 begann, flohen die Studenten, wie auch viele Einwohner der Stadt, in den Großen Garten. Doch die Begleitjäger flogen, mähten mit ihren Geschützen und bombten auch über den Großen Garten und den Zoo daneben. Darauf brachen die Tiere aus und flohen auch die großen Katzen an die Elbe. Und Mensch und Tier zitterten gemeinsam unter den Büschen an der Elbe um ihr Leben.

Und mein Freund berichtet in seinem Buch[1]: „Hamvadó Szerda" (Aschermittwoch; der 14.2.1945 war wohl Aschermittwoch), wie Mensch und Tier unter Splitterbomben und Bomberbegleitjägersalven zur Elbe sich retten, an verkohlten Leichen, auf Bänken und in den Straßen, vorbei. Am Tag darauf, nach dem verkohlten Dresdner Aschermittwoch, flohen sie mit einem Zug gen Süden und landeten, nach abenteuerlicher Fahrt unter mehrfachem Beschuss des Zuges, in Dingolfing, wo sie den Einzug der Westalliierten erlebten. Sie wurden dort entlaust, verpflegt, beschützt und alsbald im Mai 1945 in einem Transportzug nach Budapest zurückgebracht.

1)   *Madaras Jenö, Hamvazószerda, Mikes Kiadó, Budapest 1993*

Burghausen

Burghausen hat nicht nur einen schönen Stadtkern und die längste Burg Europas, sie hat auch die größte Siliciumproduktionsstätte Deutschlands und damit eine nicht zu unterschätzende Bedeutung für die neue Zeit, die Zeit der Mikroelektronik und der modernen Information und Kommunikation.

In Muldenhütten bei Freiberg in Sachsen, in dem die DDR-Silizium-Produktion 1963/1964 begann, die Überführung der Abscheidung von Si durch Wasserstoffreduktion von Trichlorsilan ($SiHCl_3$) aus dem Institut für Reinststoffe, in Dresden, von meinem Kollegen Prof. Dr. Erich Wolf und Mitarbeitern erfolgt war, wurden Si-Stäbe mit 20 Millimeter Durchmesser in einem Reaktor bei 1300 Grad, auf sogenannten Si-Seelen von 2 mm Durchmesser und 40 cm Länge, erzeugt. Die Erhitzung der Stäbe erfolgte im direkten Stromdurchgang, zwei Stäbe waren dabei über eine Si-Stabbrücke, gleichen Durchmessers, verbunden. Die Siliziumproduktion war der Grundpfeiler der Halbleiterindustrie der DDR und der BRD, des Halbleiterwerks in Frankfurt an der Oder und der Wackerchemie in Burghausen.

Die Produktion erfolgt heute in Mehrbrückenhaubenreaktoren, mit einer Stabdicke bis zu 20 cm und einer Länge von 2 m. Die

Trichlorsilanproduktion erfolgte in Nünchritz bei Senftenberg und ist nach der Wiedervereinigung der beiden Teilstaaten der Produktionsstandort des Ausgangsproduktes Trichlorsilan für beide ehemaligen Produktionsstätten Deutschlands. Die Fertigung der aus dem Rohsilizium hergestellten Si-Wafer (der Siliziumscheiben von 1-2 mm Dicke und 33 cm Durchmesser) ist insgesamt nach Freiberg Muldenhütten verlegt und fungiert heute unter Solar World Freiberg. Wacker: „Die Welt der Halbleiter und Silicone" ist der größte Chemiestandort Bayerns. Wacker beschäftigt heute über 17.000 Mitarbeiter, die jährlich über 50.000 Tonnen Silizium produzieren.

Die zeitnahe und nahezu zeitgleiche Einführung der Siliziumproduktion bei Wacker in Burghausen erfolgte 1964! Ein Austausch zwischen den Kollektiven von Ost und West war nicht möglich. Eine einmalige Begegnung der führenden Kollegen auf einer Konferenz in Berlin in den sechziger Jahren ist mir in Erinnerung.

In den Touristenkarten Niederbayerns fand ich unter den wichtigen Sehenswürdigkeiten zahlreiche Städte und eine lange Beschreibung von Burghausen, fast so lang wie die Burgruine, aber kein Wort über die Mikroelektronikbasisproduktion bei Wacker. Was doch manche Werber so als bedeutend für ein Land ansehen und doch von Tuten und Blasen, auch in Bayern!, keine Ahnung haben.

Mit Spurenmetalle Freiberg in Muldenhütten (SPUME) hatte ich auch Jahre später wissenschaftlichen Kontakt. Wir hatten im Labor in den siebziger Jahren eine Reinsteisenproduktion durch eine elektrolytische Abscheidung aus einer salzsauren Eisenlösung realisiert, die nach SPUME überführt wurde. Die dortige verantwortliche Kollegin, E. Ring., eine attraktive Frau, besuchte mich und meine Mitarbeiter in der Zeit öfters. Sie stank nach faulen Eiern. Mein langjähriger Zimmerkollege, Dr. Günter W., ließ immer gern seine Augen auf meinem Besuch weilen und bemerkte hinterher öfter:

„... so schön sie auch anzusehen ist, so unerträglich ist der Duft, der von ihr ausgeht!"

E. Ring hat zu der Zeit als leitende Mitarbeiterin auch eine Kleinstproduktion von Tellur und Seltenerdtelluriden angefahren. Das, obwohl von den Mitarbeitern unter dem Abzug gearbeitet wurde, eingeatmete Tellur wurde von ihrem Körper über die Haut als flüchtiges Wasserstofftellurid, H_2Te, ausgeschieden und das riecht wie faule Eier.

Rotthalmünster

Eine zweite Verbundenheit aus und zu meinen aktiven Chemiker-jahren erreichte mich in Niederbayern in Rotthalmünster. es ist das Licht und es sind die Kerzen. Mit dem elektrischen Licht der Lampen war ich über Osram in Berlin und die Abscheidung an Wolframwendeln von Wolframhalogeniden verbunden. Wolfram- und Molybdänhalogenide und Oxidhalogenide waren Gegenstand meiner Habilitation im ZFW der Akademie der Wissenschaften in Dresden. Ein Zusatz von einer Priese gasförmigem Chlor oder Brom verhindert die Abdampfung von Wolfrom von der hocher-hitzten Wendel in der Lampe an die verhältnismäßig kalten Lam-penkolbenwandung. Durch einen sogenannten Chemischen Trans-port mit Halogen wird das an der Wandung niedergeschlagene, sich abgesetzte, Wolfram wieder an die Wendel zurückgeführt. Meine Spezialisierung war der Chemische Transport und so wur-de ich oft von den Kollegen bei den OSRAM Werken, in Berlin nahe dem Ostbahnhof, konsultiert.

Die Kerze selbst ist aus Stearin, einer wachsartigen Chemikalie, die aus der Kohleverarbeitung und aus Ölabfällen gewonnen wird.

Das bei Fettspaltungsmethoden gewonnene Fettsäuregemisch ist bei gewöhnlicher Temperatur weich, da es außer Palmitin- und Stearinsäure, deren Schmelzpunkt knapp unter 70 Grad liegt, noch flüssige Ölsäure enthält. Durch Auspressen trennt man den flüssi-gen Anteil von der allgemein als "Stearin" bezeichneten festen Masse ab. Und Stearin wird direkt zu Stearinkerzen verarbeitet.

Um ihr Brüchigwerden zu verhindern, setzt man ihnen meist etwas Paraffin oder Wachs zu[1].

Zur Erinnerung: $CH_3-(CH_2)_{16}-COOH$
Stearinsäure.

Chemische Prozesse also führten mich nach Rotthalmünster und seinen Kerzen. Und man kann da „Das wahre Licht der Kerzen" erleben. Es geht einem ein wahres Licht auf, auch mir. Kerzen werden ja nicht mehr nur zu Leuchtzwecken verwendet, wie früher bei unseren Vorfahren, die nach der Fett- und Petroleumfunsel winters bei Kerzenschein sich ihre Augen verderben mussten, wenn sie Neuigkeiten erfahren wollten. In meinem Elternhaus in Ungarn wurde erst 1946 elektrisches Licht eingeführt, bis dahin musste auch ich noch in meinen Schulbüchern abends bei Petroleumlicht und Kerzenlicht lesen.

Kerzen gibt es schon seit Jahrhunderten. Bienenwachs war einer der Stoffe, die auf kunstvolle Weise zu Kerzen verarbeitet wurden. Mit den Bienen und ihrem Honig kamen dann auch die Wachszieher und die Kerzen. Stearin und Paraffin wurden aber erst Anfangs, beziehungsweise Mitte des 19. Jahrhunderts gefunden und danach dann erst neuartige Lichtspender damit gemacht.

„..Ein alter Brauch war es auch , dass eine Magd (so nannte man Mädchen, die bei Herrschaften zur Aufwartung waren, dienten), die von einem (ihrem) Burschen begehrt war, zu Maria Lichtmess (2. Februar) ein Wachsstöckerl[2] mit gar lieblichen Verzierungen geschenkt bekam. Und der Hintersinn bei einem Candlelight-Dinner[3] der heutigen Zeit ist da auch nicht weit weg. Denn Kerzenlicht zeichnet weich und lässt alles ringsum in milderem Licht erscheinen[4]"

Und in Rotthalmünster werden Kerzen in allerlei Formen und Farben erzeugt und bei Deutschlands größtem Werksverkauf für Kerzen zur Schau gestellt. Kerzen weiß, beige, blau, grün, rot und allen möglichen Misch- und Zwischenfarben werden angeboten. Die Formen sind nicht zu überbieten, lange, dünne, dicke, runde, flache, ovale und eckige. Die Kerzen sind in Vielfalt, Form und Farbe nicht zu fassen. Regale, Tische, Truhen und Schränke gefüllt, übereinander, hintereinander gestapelt, brennend und nicht brennend, doch immer im warmen Licht der Kerze, sind zu sehen. Das alles haben Chemiker mit ihrem Stearin und Paraffin und ihren Farben, Techniker mit ihren Maschinen und Automaten, Designer und Künstler und Gestalter mit ihren Phantasien hervorgebracht und zur Schau gestellt und erfreuen und begeistern Touristen und Besucher der Kerzenfabrik in Rotthalmünster in gleicher Weise.

Ein Besuch der Kirche am Ende der leicht ansteigenden Geschäftsstrasse und ein Verweilen und Besinnen auf ihren Bänken lässt uns ein inneres Licht aufgehen über die Vielfarbigkeit menschlichen Erfindungsgeistes und seiner Ausstrahlung, sowohl zum Wohle als auch zu seinem Wehe selbst. Eine anschließende Einkehr im Café am Eck, bei einer Tasse Kaffee, lies uns zur Ruhe und Besinnung und ins reale Licht zurückkehren und Rotthalmünster vollends genießen.

1)   *Hans Beyer, Organische Chemie, S. Hirzel Verlag, Leipzig*
2)   *Mit einem Docht versehener Strang von Wachs*
3)   *Festliches Abendessen bei Kerzenschein*
4)   *Informationen für den Gast im Thermalland an Rott und Inn, Ausgabe 2018*

Pfarrkirchen

Pfarrkirchen wird in den letzten Jahren auch als Hochschulstadt ausgewiesen. Eine solche Stadt im Rottal mussten wir besuchen. Gewiss „Hochschulstadt" ist sehr hochgeschraubt. Die Außenstelle der TH-Deggendorf hat 2015/2016 unter der Bezeichnung: „European Campus" ihren Betrieb aufgenommen und wurde dadurch zur Hochschulstadt. Sie bildet Bachelor des Internationalen Tourismus Managements aus. Ein Bereich für Health und Medical Tourism und ein Bereich Energietechnik sollen folgen. Also demnächst Hochschulstadt.

Doch die Kreisstadt Pfarrkirchen im Landkreis Rottal-Inn ist dennoch sehenswert. Das alte und das neue Rathaus, mit dem Wimmer Ross, vom Bildhauer Hans Wimmer, einer bronzeplastischen Pferdefigur auf einem 1966 errichteten Backsteinsockel, auf dem Stadtplatz. Das Ross erinnert an die ländliche Tradition und den Handel mit Pferden auf dem einstigen Pfarrkirchner Pferdemarkt

Und von weither sichtbar, und deshalb auch unbedingt zu besuchen, sind die Stadtpfarrkirche in Mitten der Stadt und die zweitürmige Marienwahllfahrtskirche auf dem Gartlberg, von einem Friedhof flankiert. Von der Kirche auf dem Gartlberg hat man wie die Kirche selbst, einen schönen Blick auf die malerische Kreisstadt mit seinen 12500 Einwohnern.

Wir hatten unseren Audi der Stadtpfarrkirche gegenüber vor dem Café geparkt. Mehrere wagen standen dicht gereiht eingeparkt und der äußerst linke Parker fuhr gerade weg und reichte mir seinen Parkschein durch das Fenster und meinte, er gelte noch ne halbe Stunde. Wir tranken in Ruhe einen Capuccino und fuhren nach Griesbach zurück. Als wir schon daheim in Dresden waren, bekamen wir Post, dass wir zwar mit einem Parkschein, aber auf einem Platz für Versehrte gestanden hätten und also 15 Euro fällig wären. Das war ärgerlich. Darauf schrieb ich den eben geschilderten Sachverhalt, und dass ich als Fremder, interessierter und beeindruckter Besucher der Stadt ja nicht sah, dass dort nur Behinderte parken dürften. Der Vorgang wurde als nichtig zu den Akten gelegt. Auch ein Grund, der zukünftigen Hochschulstadt durch unseren Besuch wieder die Ehre zu erweisen.

Altötting

Altötting ist ein Wallfahrtsort, also wallfahrten, fuhren wir dort hin. Und diesmal waren wir überrascht. Das „Herz Bayerns" im Zentrum des alten bayrischen Stammesherzogtums ist auch Zentrum des Glaubens und Volksfrömmigkeit in Bayern, zumindest in

Niederbayern und dem Rottal. Nicht nur weil Benedikt der XVI., der Herr Ratzinger von nebenan, aus Marktl stammt.

Viele fühlten sich ja selbst erhoben und meinten damals, wir erinnern uns:

„Mir sain Papst!"

Ja, da schau her, da schau mer mal hie! Und wir schauten das Geburtshaus, das Heimatmuseum und die Taufkirche, also wo Josef Ratzinger, unser Papst, im Jahre 1927 geboren wurde, das meist besuchte Haus des Ortes, die neugotische Taufkirche St. Oswald mit Taufstein und anderen Requisiten aus unserer vorpäpstlichen Zeit, gar vor Ratzingers Zeit bis hin zur Keltenzeit.

Doch unser Ziel war ja Altötting, das auch das „Herz Bayerns" genannt wird. Also direkt ins Zentrum auf den Kapellplatz. Der Platz war am Sonntag gegen Mittag voller Menschenmassen. Menschen aller Haut- und Hutfarben. Ein buntes Touristengewimmel, in das die Kirchen ihre schwarz-weiß gekleideten Kirchgänger ergossen und sich die Masse wie ein breiter, fetter Strom in ein Delta hineinwälzte, weiter ab aber diese Rinnsale immer dünner wurden und verebten. Nach einer Zeit waren nur noch einige schwarz-weiße Flecken und Punkte auf dem weiträumigen Kapellplatz zu sehen.

Die Gnadenkapelle herrscht wohl unangefochten und gnadenlos auf dem weiten Platz und dominiert die Stiftspfarrkirche St. Philipp und die Kapuziner-Kloster-Kirche. Dem Aufschwung der Wallfahrt am Beginn des 20. Jahrhunderts verdanke die Basilika St. Anna ihre Erbauung, wie wir lernten. Ein religiöses Zentrum, ein Wallfahrtsort der Gläubigen, ein religiöses Fluidum über dem ganzen Platz.

Nur ein Teil des Stromes aus den Kirchen strömte in die auf den Kapellplatz herausgerückten Restaurants, es sind wohl die dünnen Rinnsäle der Touristen, die nach ihrem Staunen und Schauen und ihrem ermüdenden go und stop über den Platz, durch die nun offenen Kirchen und ihrem kleinen Stadtrundgang sich ermüdet auf die Stühle an den Tischen fallen lassen und nur noch einen Wunsch haben und hauchen:

„Ein Altöttinger Pils!"

Passau

Es war unsere erste Fahrt mit Bärbel nach Passau. Wir fuhren aus Grießbach-Therme, aus dem Tal der Rott in Niederbayern, in die Stadt vor der Grenze. Und ich erzählte Bärbel von unserem ersten Besuch, der uns, aus dem Tal der Ahnungslosen, hier so unvorbereitet traf, so:

Wir kamen damals aus dem Tal der Ahnungslosen unmittelbar nach der ersten Möglichkeit hier an. Du erinnerst dich noch, und für die jüngeren Leser, das Tal der Ahnungslosen nannte man vor der Wende die Region des oberen Elblaufes, in dem man in der DDR kein Westfernsehen empfangen konnte. Schüsselfernsehen und Satellitenübertragung gab es noch nicht. So hatten die Bewohner zu bestimmten Vorgängen in der Welt keine Information. Als wir unseren ersten Ausflug in diese Stadt unternahmen, fuhren wir völlig unvorbereitet hierher. Wir fuhren von der Autobahn in Richtung Zentrum und ließen uns vom Parkleitsytem an der Innenstadt vorbei über die Schanzlbrücke auf die andere Uferseite des Flusses leiten, fuhren die Angerstraße entlang und über die nächste Brücke, die Luitpoldbrücke auf die Stadtseite zurück und nahmen das erste Angebot zum Parken, gleich hinter der Brücke, in einem Parkhaus am Römerplatz, vor der Anlegestelle, an.

Die Brücke, das Parkhaus, den kleinen Platz davor hatten wir uns gemerkt und liefen den Fluss entlang auf das Zentrum zu. Wir bogen hinter dem Rathaus zu den Türmen hoch, vom Fluss weg, an mancher Hochwassermarkierung vorbei, stiegen vom Ufer eine Gasse, es war die Schrottgasse, hinan, den Türmen zu.

Das Wetter war herrlich, wir bestaunten entlang des Flussufers die herrlichen Fassaden, abgelenkt durch manchen Dampfer, der am Kai lag oder den Fluss hinauf oder hinab schipperte. Die schmalen Gassen, die Auslagen, die Kaffees und Restaurants. Die Massen in den Strassen und Gassen beeindruckten uns und wir schwebten beflügelt durch die Stadt. Mal saßen wir im Dom ein, spähten in diese und jene Kirche, stiegen treppauf und treppab, bewunderten manchen Hinterhof und merkten nicht, wie wir uns in Zeit und Raum verloren, uns dabei die Orientierung verlustig ging.

Schließlich fanden wir uns wieder am Fluss, sahen in der Ferne die Brücke und liefen drauf zu, unserem Parkhaus entgegen, so meinte ich.

Und Bärbel fragte:

„Du warst damals sicher auch froh, dich hier im Dom etwas ausruhen zu können?"

Sie meinte damit wohl, dass wir uns mal ausruhen sollten.

„Ja, sicher, doch damals war ich noch um viele Jahre jünger und das andächtige Stehen und langsame Bummeln fiel mir noch nicht so schwer, wie heute."

Und wir liefen weiter durch die Stadt und ich zeigte ihr die schönsten Ecken, Laubengänge und Höfe, bis wir schließlich am Eck des Zusammenflusses der breiten Ströme rasteten, wo ein dritter Flusslauf, vom Böhmerwald her kommend durch den Hinteren Wald, an Burgen und Mühlen vorbei, über Steine und Kaskaden, mit seinem kühlen und klaren Wildwasser in den Schoß der großen Schwester, der Donau, der Duna, wie er weiter unten heißt, eilt.

„Der Fluss in unserem Rücken, der von den Bergen Graubündens in der Schweiz, durch Innsbruck sich zwängt und stückweise natürliche Grenze zu unseren österreichischen Nachbarn bildet, ist hier an der Mündung ein gleichwertiger, erwachsener Bruder und mischt die größere Schwester mit seinem Bergwasser zum Europastrom gewaltig auf. Und manchmal hat es den Anschein, als müsste die Beziehung anders, der Inn der Hauptfluss sein, in den die Donau einmündet.", erklärte ich. Nach Betrachtung des Meeres aus den drei Wasserläufen.

Und wir waren gerade in Schärding, und sahen dort über dem Inn Torbogen die Markierung der Hochwasserstände des Inn, die höchste reichte bis ans Fenster der Cafeteria über dem Torbogen. Da kann ich mir vorstellen, wie dieses Dreiflüsseeck zum Meer anschwoll und im Rückstau die untere Häuserfronten an der Donau und am Inn badeten und die Tische im ersten Stock durch die Räume schwammen, als wollten sie zum Fenster hinaus und im Passauer Meer baden.

Bärbel fragte weiter:

„Aber, du warst mit der Schilderung deines, eures ersten Besuches hier in der Stadt Passau noch nicht fertig, wie ging denn das damals aus?"

Nachdem wir eine Weile den Fluss entlang, flussauf, liefen, kamen uns Zweifel an der Richtung. Auf dem Weg zur Stadt liefen wir zwar auch dem Strom entgegen. doch hier waren keine Schiffe am Ufer, die Strasse war doch auch schmäler? Wir waren irritiert und kehrten zum Dom zurück, kauften einen Stadtführer und lachten. Wir hatten in unserem Taumel völlig vergessen, dass in dieser Stadt sich dem breiten Strom ein zweiter anschließt. Und ein kleinerer auf der anderen Seite mischt noch drein.

Ich informiere mich seither, bevor wir eine Stadt betreten, und ich finde Kirchen und Parkplatz noch ohne Navigator.

„Da sind ja deine und Jakobs Ahnen mit ihren Ulmer Schachteln auch hier lang manövert. Dass sie nicht an dieser schönen Stelle verblieben, wundert mich schon."

sagte Bärbel. Worauf ich meinte:

„Ja, den Stephans Dom haben sie sicher gesehen, der stand damals schon. Doch meine Geburtsheimat verbindet noch mehr mit dieser Stadt", fuhr ich fort und füge es hier an:

Der ungarische Großfürst Stephan (969-1038) heiratete 995, Gisela, die Tochter des Bayrischen Herzogs Heinrich (der auch den schönen Beinamen 'der Zänker' hatte), und Schwester des späteren Kaisers Heinrich II. war. Vajk, der Sohn des Ungarischen heidnischen Großfürsten Géza, wurde 985 zu Stephan getauft, von einem Missionar aus Passau, und 1000 wurde Stephan erster König Ungarns. War Stephan Namensgeber für den Dom, oder gab es den Stephans Dom schon und der Sohn des Ungarischen Groß-fürsten, Vajk, wurde nach ihm benannt?

Damit war aber Gisela, die erste Ungarische Königin, eine Deutsche. Ihr 1007 geborener, einziger Sohn, Emmerich (Imre), kam bei einer Bärenjagd 1031 in den Budaer Bergen ums Leben, so dass nach dem Tod König Stephans, 1038, kein direkter Thronerbe in Ungarn da war. Im Streit um die Thronfolge wurde die aus Bayern stammende Gisela von den nach dem Thron strebenden ungarischen Fürsten eingesperrt. Doch sie wurde 1042 von König Heinrich III. auf abenteuerliche Weise befreit, und kehrte nach Bayern zurück und ist hier im Kloster Niedernburg, in Passau, als Äbtissin, 1060 gestorben und begraben worden.

So liegt diese Drei-Flüsse-Stadt auch an einem bedeutsamen Flusskreuz für Ungarn. Und es ist noch mehr. Es ist ein wegweisendes Geschichtskreuz und eine lebensentscheidende Geschichts-Kreuzung für Ungarn und unsere, Jakobs und meine Ahnen zugleich. Sie sind damals von Hessen bis Ulm mit und auf Karren über die Landwege gezogen und von Ulm ab mit den primitiven, selbst nur aus Holzstämmen grob zusammengehauenen Flößen oder Holzschachteln die Donau hinab geschippert. Sie haben sich wohl mehr treiben lassen. Später gingen diese improvisierten Schwimmbehälter, als „Ulmer Schachteln" in die Geschichte und Ahnenliteratur ein.

Sie trieben ganz sicher mit ihren Schachteln hier an den ehrwürdigen Türmen von Passau vorbei. Einen anderen Wasserweg gab es nicht. Und in Wien gibt es ein Register von der damaligen Zollbehörde über alle Personen, die an Wien vorbeikamen, dessen vollständiges Verzeichnis jetzt bei Gerhard Müller in Pécs / Fünfkirchen für jeden Ungarndeutschen und seine interessierten Nachkommen zur Einsicht vorliegt.

Dass sie also Passau sahen, auf dem Fluss hier vorbei kamen, darüber gibt es keinen Zweifel. Aber ob sie die Schönheit dieser Stadt auch schon wahrgenommen haben, und ob sie überhaupt einen Sinn dafür hatten, das ist zweifelhaft. Und hätten sie die Stadt gesehen, so wäre ihnen vielleicht schon eine Ähnlichkeit mit Budapest, in Lage und Schönheit der Bauten und der Straßenzüge aufgefallen. Vor allem, dass Passau durchaus mit Buda / Altofen vergleichbar ist, ihm ähnelt, das will ich hier stark herausstellen.

Schon allein die vielen Kirchen Passaus, neben dem herausragenden Dom St. Stephan, Kloster Niedernburg mit dem Grab der Ungarischen Königin Gisela, die St. Michaels Kirche, und die Pfarrkirche St. Paul im Altstadtteil sind nicht zu übersehen gewesen. Aber da kannten sie ja Ungarn noch nicht, sie hatten hier ja noch alles vor sich. Beide Städte liegen an der Donau, beide Seiten des Flusses sind bebaut. Der Dom und die Burganlagen sind in beiden Städten mit einander vergleichbar. Hier klebt der Dom an der Burg schaut zum Domvorplatz und über die Stadt, dort erhebt sich die Stephanskirche, die eigentlich ein Dom ist, über der Fischerbastei und nur unweit der Burg. Hier und dort erheben sich Burg und Dom über dem Fluss. Die Budaer Seite ist dem Passauer Dom und Burg Areal ähnlich.

Ja, wer hat da denn von wem, wo abgeschaut, oder waren die Baumeister da und dort zugange? Hat die erste Königin von Ungarn, Gizella Királynö, (ungarisch schreibt man Gisela mit z und zwei l) soweit in die Zeit gestrahlt? Gewiss, Budapest hatte im 14./15. Jahrhundert über 400000 (Vierhunderttausend) Deutsche. Budapest sprach damals deutsch und heute will keiner mehr auf der Strasse die deutsche Sprache können. Doch von Bayern gehen immer noch Verbindungsfäden nach Ungarn.

Horst Seehofer, der einstige Ministerpräsident Bayerns und derzeitige Sicherheitsminister Deutschlands, 2018 hat Viktor Órbán nett empfangen, wohl nicht nur, weil er bei seinem Besuch in Budapest so nett hofiert wurde. Gewiss, die Haltung und Ausstrahlung Viktor Orbáns ist nicht jedermanns Geschmack. Doch viele Ungarn lieben ihn. Meine intellektuellen Freunde mögen ihn aber gar nicht! Das scheint ihm aber wohl egal zu sein. Und er scheint sich zu halten, wie auch immer trotz Europa.

Das hat aber auf meine Ungarnphobie, wie einige meiner Freunde meine Ungarnaffinität, trotz Vertreibung, nennen, keinen Einfluss. Ich liebe das Ungarische Volk, seine Sprache, seine Großzügigkeit und Heiterkeit und ich liebe ihren Bográcsgulyás, die Halászlé und die Paprikawurst von den ungarisch-österreichischen Mangalica Wollschweinen, den Allesfressern, deren hoher Gehalt an Omega-3-Fettsäuren als natürliche Antioxidantien so gesund und so kschmakig sind."

Venus Hof

Wenn wir nach Griesbach-Therme fahren, nehmen wir in Dresden die A4 und ab Chemnitz die A72 bis zum Dreieck Hochfranken, wo einst die DDR-Grenzer vom Burgstein herab den Grenzübergang am Kilometerstein 16 durchs Fernglas beobachteten und besser im Visier hatten, als heute der Verfassungsschutz durchs und im Netz jeden Bürger der Bundesrepublik Deutschlands sieht. Und wir biegen von der A72 auf die A 93 ein bis Regensburg und erreichen über die A3, an Passau vorbei, fast die Österreichische Grenze. Aber wir fahren die A3 nur bis zum Kilometerstein 623 und biegen da bei der Ausfahrt 118, kurz vor der Grenze von der A3 ab, auf Pocking zu, über die B 12, die bis hin nach München führt. Doch wir treffen wenige Hundert Meter später, bei Ruhstorf an der Rott, in einem großen Schwenk, auf die Rottalstrasse B388, die uns an unser Ziel, nach Griesbach Therme, führt.

Die Strasse ist, wie alle Strassen Bayerns, besonders die Niederbayerns, arschglatt. So, dass alle aus dem ehemaligen (es war einmal) „Tal der Ahnungslosen" heranreisenden Kurgäste und Straßennutzer mit ihrem verwöhnten Osttempo schnell zum Verkehrshindernis werden können. Die aber, wie sie schon seit der Wende her gewohnt sind, sich schnell wenden, verstehen, lernen und jeder neuen Situation, und so auch jeder Geschwindigkeit, anpassen können.

Nur nicht, dass ihre doch so gute Aluminium Mark der Deutschen Demokratischen Republik an die Westmark noch schneller mit 2:1 gewendet und hernach schon gleich wieder die gerade erworbene Deutsche Mark 2:1 umgewendet, also umgeeurot wurde. Und, dass das gute Bayrische Bier, je nach Lage, 3 bis 4 Euro teuer ist und das Dresdener Radeberger und das Münchner Hofbräu damals 1 Mark, West wie Ost, billig war, aber überall gleichgut schmeckte, kann kein teurer Westfreund seinem ebenso teuren Ostfreund erklären. Denn das hieße, das Bier in der ehemaligen DDR wäre fast null wert gewesen, was ebenso null und nichtig ist, wie die weit verrufene und tief sitzende Meinung, die

Menschen der DDR wären nichts wert gewesen, die hätten außer Marxismus-Leninismus und Stalinismus aus den dicken Bänden mit den vier Nischeln drauf, nichts gelernt.

Doch nicht die Menschen waren es, das System war zu beklagen, wie wir heute wieder über unser gesamtdeutsches System klagen und viele nicht wissen, was oder wen, oder ob sie überhaupt noch, bei dem dumpbackigen und gar so hilflosen Polit-Personen-Hick-Hack wählen sollen. Oder wählen viele der Ostregion aus Verbundenheit mit den Bayern und nach Vorbild vieler Bayern? Oder wählen viele halbrechts, weil sie früher halblinks oder ganz links wählten? Oder gar bei der taumelnden Suche nach der Mitte schon rechts und links verwechseln?

Doch zurück zum Venushof, zu Karin und Anton. Da schmeckt das Bier wahllos und ausnahmslos in allen Maßen gut und kann auch keinem einstigen Ostgelehrten vermiest werden. Und das schon seit ebenso vielen Jahren, wie einst die Trennung zwischen Sachsen und Bayern bestand, und das Beobachtungshäuschen auf der Burgsteiner Höhe, etwa auf der Höhe des Kilometersteins 16 der A72 bei Heinersgrün, stand.

Der Beobachtungsausblick oder Hochsitz auf der Burgsteinhöhe steht immer noch und erinnert die Eingeweihten, die Zeitzeugen, heute noch, egal ob sie von der Ost- oder der Westseite her, einst stark ausgebremst, ja gar gefilzt wurden, kommen, an eine tragische deutsche Zeit. Ein Hochsitz ist in der Jägersprache ja als Sitz zum Beobachten des Wildes und nicht zu seinem Abschuss gedacht. Doch irren ist menschlich, einen Hochsitzabschuss gab es aber wohl doch nicht.

Unsere Venushof-Hotel-Wirte, Frau Karin und Herr Anton Venus, die in den Jahren unseres Besuches in Griesbach-Therme die Geschäfte von den Altwirten, den Eltern von Anton Venus, übernommen haben, und mit den Jahren unseres Besuches immer mehr erwachsen, größer und auch etwas breiter wurden, haben daran sicher auch keine Erinnerung, oder nur noch eine schwache, wie unsere Kinder. Und erst recht unsere Kindeskinder keine Kenntnis davon haben. Sie fahren heute hin und her, von Ost nach

West und retour, und sehen, hören und fühlen von dieser Grenze und Ausgrenzung nichts mehr.

Sie jagen ihren Dienstverpflichtungen und dem damit erreichbaren klingenden Mammon nach, oft mit höchstzugelassener Geschwindigkeit und den entsprechend angepassten Karossen. Oft auch nach maximal zulässiger Schlaflosigkeit. Wie sollen sie dann auch diesen Grenzpunkt so sehen? Die Strasse ist glatt, der Wald ist grün und das Gebüsch wächst über den Ausblicksanstand hinaus hinauf. Und wenn sie diese Zeilen mal lesen sollten, werden sie sich fragen:

„Was hat der denn nur, was sieht der denn nur, sieht er Geister?"

Ja, wenn Geister heraufziehen, nutzen sie immer die Ahnungslosigkeit und Unbedachtsamkeit, um nicht zu sagen Unbedürftigkeit und Schläfrigkeit der breiten Masse, damit auch der Generation, die eigentlich für die Gestaltung der Zukunft verantwortlich ist, aus, zur Um- und Fehlleitung. Und das nicht, oder auch nicht nur, auf den Straßen von Sachsen nach Bayern und am Dreieck Hochfranken.

Der Venushof, der im Inneren, seinen Gasträumen, sehr geschmackvoll und gediegen, mit viel Holz verarbeitet, dem Gast entgegenkommt, strahlt bayrische Urigkeit aus und wird seinem Ruf als einem der ältesten Gasthöfe Niederbayerns, im Rottal, der bayrischen Toskana, wie etwas hochgelobt und gepriesen gesagt wird, gerecht. Die Ochsenbraten, Kalbshaxen der Küche und ihr Tafelspitz sind urig, gschmackig und reichen über den Tellerrand und werben über das Rottal hinaus.

An warmen und launigen Sommertagen werden die Gäste des Hotelgasthofes im Innenhof bedient, an eingedeckten, rustikalen Tischen und auf ebenso rustikalen Bänken sitzend. Die Gerichte werden, ihr Duft eilt ihnen voraus, aus der Küche direkt in den Hofgastraum gereicht, von der Venuswirtin entgegengenommen und freundlich an die Tische gebracht. Die Kommunikation mit dem Gast ist etwas spärlich, geradezu untypisch für einen Bayern und eine Bayerin.

Der Altwirt und Vater des Venushof-Jetztwirtes kam bei unseren Besuchen in den Nachwendejahren regelmäßig an den Tisch und plauderte mit uns. Er genoss diese Seite seines Wirtslebens offensichtlich ebenso wie wir. Nicht nur wegen der vergangenen Zeiten und Seiten West und Ost. Diese Wirts-Gast-Beziehung war es und ist offensichtlich in die Jahre gekommen, veraltet und wird von der Neuzeitwirtschaft vernachlässigt, wie auch das Umfeld der Hofwirschaft eine Vernachlässigung erfahren hat und deutlich zeigt, ja, an einigen Stellen und Ecken sogar sehr deutlich auf eine Unaufgeräumtheit schließen lässt.

Der Umraum des Hofes wirkt sehr rustikal, die Gäste fühlen sich aber anscheinend wohl und kommen gern wieder. Die geschmackige Kalbshaxe oder der vanillesahnige, oder Meerrettich gekremte Tafelspitz, klingen und schmecken im Munde und Gaumen des Gastes lange nach und lassen seine Augen posthum tränen. Dabei übersieht er auch leicht, die schon etwas länger hängenden und verblichenen Bilder und Tafeln und rustikalen Ausstattungen des Venushofes. Mancher sieht das nicht, aber man schmeckt es ja nicht, und die Geschmäcker sind halt verschieden.

Frau Keusch

Wir kennen uns schon seit Jahr und Tag. Eigentlich, seit dem wir in Bad Grießbach wässern. Anfang der neunziger Jahre gab es noch den großen Massagesalon von .Steinberger, in dem mehrere Damen und Herren an den Kurgästen Hand anlegten, sie einpackten, auspackten, massierten und pflegten, auch Frau Keusch. Ende der Neunziger, Anfang des neuen Jahrhunderts und Jahrtausends, als der Drang nach Badekuren nachließ, weil die von den Kassen übernommenen, geförderten und bezahlten Heilkuren geschmälert, ja stark geschrumpft wurden, Deutschland, nein die einstige Bundesrepublik, auf den Osten sich ausbreitete, und die zwei Teilstaaten zusammengingen, fiel die Großmassage auseinander. Und die Masseure versuchten sich selbständig zu machen. So auch Frau Keusch.

Noch da davor hatte Frau Elisabeth Keusch mit ihrem Mann zusammen in Birnbach ein eigenes großes Unternehmen. In Frankreich hatte sie die französische Sprache gelernt, dann ihren Mann kennen und lieben gelernt. Sie heirateten, kamen nach Deutschland und werkelten und massierten in Birnbach. Doch als ihr Mann starb, schloss sie sich dem Salon Steinberger in Griesbach Therme an.

Und seit Anfang des Jahrhunderts, nach dem wir fast jährlich nach Griesbach ins Warmwasserbad, manchmal sogar zweimal im Jahr, fuhren, lassen wir uns von Frau Elisabeth Keusch in ihrem Massagebetrieb, besser Massagesalon, behandeln. Anfangs haben noch ihre Schwester, ihr Schwager, ihre Tochter und ihr Sohn mit gewirkt und an uns Hand angelegt. Doch der Andrang in Griesbach ließ weiter nach, so dass Frau Elisabeth ihren Betrieb monogam weiterführte.

Der Vorteil der Massage Keusch ist, dass, wenn man im Blumenhof logiert, im Bademantel zur Massage trippeln kann und man landet gleich nach dem Mantelabwurf auf dem Warmwasserbett. Dort wird man gleich an den des Fango bedürftigen Stellen mit dem gelben Schlamm beworfen und belegt. Damit keiner sieht, wie gut das aussieht, breitet sie erst eine dünne Folie drüber und hüllt darüber eine dicke Decke und lässt einen warm liegen. Damit man auch gut liegen bleibe, berieselt sie einen, den Patienten, mit einem lau lauten Melodienmix, der wie ein Kreisel um den eingewickelten Körper kreist, immer leiser, weil langsamer wird und ihn schließlich autogen einlullt.

Nur ihre laut klappernden Schuhe, unter ihrem festen Tritt, der im ganzen Haus bekannt ist, weil er selbst durch die Etagendecken dringt und hallt, wecken den Patienten auf, noch bevor sie fragt: „Ist alles in Ordnung?"
Schnell zieht sie dann die Kunststoffhaut ab, der noch halbschlafende Kunde taumelt, mehr torkelnd und geschoben unter die Dusche und wird mit ihrem harten Strahl von ihrem Schlamm befreit. Erst sanft hartlau, dann stahlhart eiskalt. Männlein, wie Weiblein. Das reinste Wechselbad der Gefühle. Doch schon liegt man wieder auf einer anderen Bankpritsche, der eigentlichen Massagebank, wird aber nochmals fest in eine Wolldecke eingewickelt und darf wieder ruhen, die Decke bestaunen, oder auch Schäfchen zählen, ohne einzuschlafen, was manchem manchmal auch gelingt.

Doch die Ruhe ist hin. Der Melodienreigen dreht und dreht zwar weiter, doch ich liege vor dem Fenster zum Gebäudequerdach und die Tauben flattern auf und ab und gurren und murren und übertönen den Musikreigen. Sie spenden mir so ein unterhaltsames Auf und Ab und Hin und Her. Ein Taubenschauspiel. Ich finde die Täubchen und das Gurren der Täuberiche und ihr Spiel und aufplusterndes Gehabe schön und ihr eindinglich aufdringliches Werben sind sehr amüsant. So erzähle ich das auch Frau Elisabeth. Sie findet das gar nicht schön.

Und abrupt lenkte meine Massageliesbeth mein Taubengeplauder, das ihr wohl wie Täubergurren vorgekommen sein musste, mit einem schmerzhaften Bizepmuskelgriff zu ihrem Taubendreck auf dem Dach vor dem Fenster und unserer Liege zurück. Der

Taubenausscheidungsdreck, der von Sonne und Wind getrocknet und von Wind und Wetter geformt und zermalen als Feinststaub durch die offenen Fenster in ihre Massagenüstern dringt und sich auf die Liegen legt und von dort von den zu Massierenden in Wolkenmassen wieder aufgewirbelt wird, durch den Raum schwebt und ihr Kopfzerbrechen und Kopfschmerzen bereitet und sich auf ihre Lunge legt, also wie ein Stimmungsdisjacum wirkt und sie drückt und bedrückt. Um noch eindringlicher zu wirken, hustet sie kurz auf.

Und sie fragte mich:

„Haben sie als ehemaliger Chemieprofessor nicht eine Empfehlung oder ein Mittel gegen den Dreck und die Tauben? Die Behörden und die Verwaltungen tun ja nichts, trotz wiederholter Beschwerden. Und anders als mit Zyankali kann man ihnen nicht beikommen?",

bohrte sie weiter.

„Am besten ist",

sage ich,

„sie herein locken und ihnen den Hals umdrehen und sie unten in den Lokalen am Platzerl zu vermarkten."

„Na, sie haben ja Ideen!"

„Wir könnten das ja gemeinsam machen. Da habe ich ja gute Erfahrungen".

Und ich erinnerte mich an meine Jugend- und noch Kindesjahre auf dem kleinbäuerlichen Hof in der Schwäbischen Türkei, zwischen Donau-Drau und Plattensee und erzählte ihr, wo und wie ich schon im Kindesalter für die Taubenpopulation mit verantwortlich war:

An der unverputzten, also nackten Scheunenaußenwand, die die Stallung zur Nachbar- und Hohstellseite begrenzte, waren in Übermannshöhe drei Taubenschläge angebracht, die mein Onkel Andreas, der in Deutschland als Zimmermannsgehilfe in den Dreißigern mehrere Jahre das vierzackige Wirtschaftsrad antreiben half, gebaut und angebracht hat. Doch nicht auf Grund dieser seiner erlernter Kenntnisse wurde er bis nach Stalingrad mit der

Ungarischen Honvéd befördert, wo er, wenn überhaupt, in einem Taubenschlag, wenn nicht nur unterm Schnee, verscharrt wurde und mir so keine weiteren Taubenschläge zimmern konnte. Sein Arbeitseinsatz und seine Hilfe in Deutschland dienten so seiner Vernichtung und meiner Vertreibung aus Ungarn und die seiner Eltern und seines Bruders, der vor Stalingrad grad so, zwar stark lädiert, davon kam, mit!

Immer, wenn das Leben auf unserem Hof in der Schwäbischen Türkei, zwischen Donau-Drau und Plattensee in Ungarn, in einem Taubenkasten lauter wurde, rief mich mein Großvater heran, der seine zehnsprossige Leiter aus dem Schuppen geholt und angestellt hatte, und ich musste die Leiter rauf und fühlen, ob die haarigen gelben Flaumen der zwei, selten drei, Täubchen schon zu Federn heranwuchsen oder schon herangewachsen waren und damit fast flugtauglich waren. Tauglich also, um Großmutter auf den Küchentisch zu fliegen, die sie dann auf dem Mittagstisch in einer würzigen Rindsnudelsuppe oder Bohnensuppe der Familie vorstellen konnte. So wurde ich schon in jungen Jahren von meinem Großvater, der viele Jahre der Kleinrichter und später der Fleischbeschauer des Dorfes war, zum Fleischbeschaffer der Familie und späteren Schlachtgehilfen Großvaters und wir beide zusammen, des gesamten Dorfes.

Neben den Haustauben waren es die Stallhasen, die ich Großmutter nackt und sauber ausgewaschen auf den Küchentisch legte. Und wenn die mal ausgingen, dann zogen wir mit meinen zwei Cousins mit unseren zielsicheren Katapulten bewaffnet in das Akazienwäldchen draußen in der Csucs vor den Weinbergen und unser Hund Dachsi sammelte die heruntergefallenen Wildtauben ein und wir brachten sie dann gemeinsam Großmutter heim. Taubenfleisch war eine gängige Fleischergänzung in der bäuerlichen Küche, Täubchensuppe eine schöne traditionelle Bringepflichtmahlzeit für Wöchnerinnen von potentiellen Patinnen der Neugeborenen der Ungarndeutschen in der damaligen Schwäbischen Türkei in Ungarn.

Zu Frau Elisabeth Keusch zurückgekehrt, empfahl ich ihr nach kurzer Massagepause, die Taubennester regelmäßig auszuheben und diese in dem ASIAN, bei Memet Sem, oder dem Griechen, Janis Nikolaidis, am Platzerl zu vermarkten. Oder, wenn die abgesättigt sind, die Tauben dem Hühnerliesel am Platzerl zu Füßen zu legen. Doch sie:

„Mei, haben sie eine üppige Fantasie, Ideen, die ja selbst schon die Tauben vergiften könnten. Wer soll denn das tun, und solche lange Leitern hat ja heute nicht mal der reichste Bauer Oberbayerns, geschweige denn Niederbayerns. Und das dürften die Grünen, die ja heuer in Bayern ähnlich überhand nehmen wie die Tauben, nicht mal hören, geschweige denn sehen, das könnte die sogar nachts auf die Bäume treiben, von den Kastanienkerzen hell erleuchtet."

Und ich entsann mich an das Vorbild von Udo Jürgens, Georg Kreisler, und seinen Song: „Tauben vergiften im Park...". Da gefiel mir besonders die Stelle :

„... der Heiner, der kommt mit der Mali, und die Mali die bringt's Zyankali..."

Und früher - als ich mit meinem Kollegen, Professor Roland Mayer, zusammen noch Prüfungen abnahm, hatte ich im Labor freien Zugang zum Kaliumzyanid (KCN) und später kam alles unter Verschluss und nur der Sicherheitsbeauftragte mit dem Direktor, also mit mir, hatten Zugang zu dem Gift. So konnte und kann ich halt heutzutage Elisabeth Keusch, nur noch ideell und ihr mein Beileid bekundend, beistehen.

Und diese Geschichte ihr und Bärbel gelegentlich vielleicht bei einem gemeinsamen Abendessen beim Griechen oder bei da Anna und ihrem guten, gut temperierten und charmant servierten, Montepulciano erzählen. Zumindest erzähle ich ihr die Geschichte in der hier vorgestellten Form, quasi schwarz auf weiß. Damit ist sie weder bayrisch braun noch grün und schon gar nicht grünbraun verfärbbar.

Und wir kamen so von den Tauben zur Hühnerliesel auf dem Platzerl. Ich meinte es sei eine Taube, die das berockte Frauenzimmer unter ihren Arm festgeklemmt hält. Doch sie korrigierte mich, dass es ein Huhn sei. Ein simples Huhn? Und dem Hühnerliesel plätscherte das Wasser über die nackten und vom Wasser polierten und unterkühlten Füße, da auf dem Betonsockel am Platzerl. Und ich meinte, Hühnerliesels Blick sei leicht gesenkt, demütig und hoffnungsvoll, vor den eindringlichen Blicken, den heuer leicht unterfeminine Weiber sexistisch zudringlich verrufen könnten.

Doch Hühnerlieschen mit ihren nackten Füßen auf dem Becken am Platzerl erwartet nichts Böses, sie kennt solche Auswüchse ausdrücklich nicht. Und ihr männlicher Erzeuger, oder schöner, ihr Erschaffer, kannte solche bösartige An- und Unterspielungen auch noch nicht. Für ihn war ein Weib, eine reife Dirn, ein knuspriges und liebenswertes Wesen zugleich. Ja, vielleicht hat er sich auch schon mal seine Dirn ohne Huhn und Rock vorgestellt, doch er wusste die Grenze seiner Fantasie auch in ihrer Gestalt und erst recht in ihrer Gestaltung. Doch meine Gedanken könnten heute schon als sexistisch verrufen werden, weil sie grad einem alten Mann nicht stehen!

Dabei fiel mir eine viele Jahre, also weit zurückliegende Prüfungsepisode ein, die ich hier erzählen will, weil sie hierher so schön passt.

Wir saßen 1958 zu einer Vordiplomprüfung Anfang des sechsten Semesters bei Prof. Roland Mayer[1] in Organischer Chemie um ein rundes Tischchen in seinem Ordinariuszimmer, zu fünft. In der Reihung: Klaus Lunkwitz, Hans Jürgen Klein ,Peter Reich, Helga Hennig und ich. Es war frühlingshaft schönes Wetter und Helga trug ein lockeres, buntes Kleid. Mayer begann:

„Fräulein Hennig, sie tragen ein so schönes, buntes Kleid, wissen sie woraus der Stoff besteht?"

Helga lief rot an und stotterte so etwas wie:

„Polyester oder Polyurethan, synthetisch auf alle Fälle".

Wir Jungs grinsten in uns hinein, lachen trauten wir uns ja nicht, und Mayer schmunzelte und erklärte ihr die Synthese und war bei der Benotung nicht nur zu ihr freundlich, fast noch freundlicher, als ihr Kleid.

Dabei wäre eine zweite schöne Bemerkung von Mayer festzuhalten. Hans Jürgen Klein[2] war der Sohn des Direktors des Synthesewerkes in Schwarzheide. Und Klein ruderte und schwamm durch die Prüfung und baute mehr auf den Namen und Ruf seines Vaters, als auf seine Chemie. Nach einer Stunde fasste Professor Mayer das Prüfungsergebnis zusammen:

„Sie, Herr Lunkwitz, erhalten eine eins minus, Herr Reich eine eins bis zwei, Herr Oppermann eine zwei plus, Frau Hennig eine drei!"

Da stockte Herr Professor etwas, schaute kurz nach oben und holte tief Luft und setzte dann fort:

„Und sie Herr Klein, sie sagen ihrem Vater bitte einen recht schönen Gruß, sie sind durchgefallen".

Wir Jungs, später alternde Männer, haben bei unseren Seminargruppentreffen, öfter über diese Mayersche Geradlinigkeit und Treffsicherheit gelacht und gewitzelt.

Die Mayersche Bewunderung des Kleides hätte heutzutage zur Konsequenz, dass weniger feminine Feministen dafür gesorgt hätten, dass er von seinem Katheder gestoßen worden wäre und sich zeitlebens statt mit seinem Universitätskatheder, sich mit drei implantierten Herzkathetern herum gequält hätte. Roland Mayer ist ohnehin für uns alle zu zeitig aus dem Leben geschieden. Und er würde sich bei dem feministischen Gehabe, Geschreibsel und Gedöns, so es ihn erreichte, noch im Grabe umdrehen. Obwohl Roland Mayer durchaus kein Kostverächter war, wie er in seinem Buch: „MAYO"[1] beichtete.

Und eine zweite Geschichte aus jener Zeit wäre hier her zu stellen, die mir neulich bei dem Palaver und Gerangel um die Regierungsbildung kam, wo Frau Dr. Angela Merkel (CDU) und Herr Martin Schulz (SPD) ewig und fast ein halbes Jahr um die Kanzlerschaft rangen und buhlten, und heute, wo es um die Bayern Wahl geht, mir wieder hochkommt.

Sie, diese Geschichte, ereignete sich nach der ersten Geschichte, nur zwei Jahre später und just wieder im Zusammenhang mit selbigem Professor Roland Mayer. Es war im Herbst 1960. Ich lag zu Hause auf der Liege und bereitete mich für die Diplomprüfung tags darauf bei Professor Mayer vor.

Plötzlich machte mich, nach einer kurzen Unterbrechung, eine Ansage im Radio munter und stutzig, die ankündigte, dass eine außerordentliche Volkskammersitzung einberufen worden sei.

Herrmann Matern, wohl der kleinste in der Riege, der damalige Volkskammerpräsident, eröffnete die Sitzung. Alle standen auf - was am Geräusch deutlich zu hören war. Und Matern verkündete mit deutlich hörbar vibrierender Stimme, dass die meisten Abgeordneten erschienen wären und der einzige Tagesordnungspunkt die Wahl des neuen Staatsratsvorsitzenden sei. Der Vorschlag sei: Walter Ulbricht.

Matern forderte zur Abstimmung mit Handzeichen. Ein leichtes Raunen, Hüsteln und Gemurre waren vernehmbar. Nach wenigen Sekunden stellte der Volkskammerpräsident Einstimmigkeit fest. Er dankte und schloss die Sitzung. Nun waren ein noch lauteres Gemurmel und Trapsen und ein leises Massenraunen zu hören und die Sendung war beendet. Ich wusste nicht, ob ich lachen, weinen oder schreien sollte, so niedergeschlagen und reaktionslos lag ich auf meiner Liege.

Walter Ulbricht überlebte noch viele solcher einstimmigen Debatten in seiner dreizehn jährigen Amtszeit, bis zu seinem Sturz durch seinen Ziehsohn, dem langjährigen FDJ-Sekretär, Erich Honecker, in Billigung und Anwesenheit von Breschnew. Walter Ulbricht wurde regelrecht aus der Bildmitte des aufgereihten

Zentralkomitees und so von der Bildfläche gezogen. Und das ist hier wörtlich gemeint.

Denn ich saß vor dem Fernseher bei der Direktübertragung der Zentralkomiteeveranstaltung (ZK) 1973, bei der das gesamte ZK aufgereiht in drei Reihen, Ulbricht in der Mitte der zweiten Reihe, dastand und, als Walter Ulbricht plötzlich zusammenfiel, die links und rechts gereihten Mitglieder ihn auffingen und nach hinten aus dem ZK und dem Bild zogen. Eine Stunde später, in der aktuellen Kamera, als über die Wahl Erich Honeckers berichtet wurde, war der Fall und Zusammenfall Walter Ulbrichts aus dem Filmbericht geschnitten.

Unsere Kanzlerin, Frau Dr. Angela Merkel, kommt nun ins dreizehnte Jahr ihrer Regierungszeit als Kanzlerin! Wird es ihr vielleicht ähnlich, wenig erfreulich und auch weniger wünschenswert ergehen? Von sich aus will ja die Kanzlerin wohl auch nicht von der Bildfläche treten. Obwohl ihr Gatte, mein Kollege, Prof. Dr. Dr. h. c. Joachim Sauer, schon sehr sauer ist, und bald saurer nicht werden kann. Er würde doch viel lieber mit ihr Bergwandern und sich mit ihr gemeinsam erholen und ihre gemeinsame Restlaufzeit genießen. Und das hatte Angela ihm doch auch zu seinem 67. Geburtstag und seiner Emeritierung fest versprochen[3].

Frau Elisabeth Keusch drängte aber unser so locker geführtes Gespräch, was ihr doch wohl mehr als eine laute Meditation meinerseits vorkam, von der Liege und aus dem Raum und kam auf ihre verlorene Patientin und Freundin, meine Frau, Feodora, zu sprechen. Die beiden, Feodora und Frau Elisabeth, hatten sich über die Jahre geradezu angefreundet und Frau Elisabeth vermisst sie auch sehr.

So sprang das Gespräch wieder zur Demenz und ihre Vorläufer und Ausläufer hinüber. Und Frau Elisabeth Keusch meinte, sie habe schon vor sechs Jahren, bevor Feodora starb, gemerkt und sich gewundert, dass Feodora nicht mehr über den Tod unseres Sohnes, Uwe, sprach, der in früheren Jahren doch geradezu ihr

Erzählmittelpunkt war und den sie so über alles liebte. Von den anderen drei Kindern erzählte ihr Feodora so gut wie nichts, und wenn schon, dann mit völlig anderer Tonlage und gemilderter Empathie.

Da hätte sicher schon bei meiner Frau, Feodora, das Vergessen eingesetzt. Das Gehirn schalte da um und wolle damit dann auch die übrige Welt, die Umwelt und das Weltgeschehen vergessen, nichts mehr damit zu tun haben. Und damit wird der Mensch immer kontaktärmer und zieht sich in sich immer mehr zurück, auch von der Familie und von den Freunden und vergisst die Umwelt und will schließlich von der übrigen Welt nichts mehr wissen, an ihr nicht mehr teilhaben. Bis sie schließlich ihre Umwelt und ihre Nächsten nicht mehr auseinanderhalten kann und dann schließlich auch nicht mehr erkennt.

1) *Roland Mayer, Professor der Organischen Chemie an der TUD von 1960-1993, ab 1984 mein Kollege. Wir schmunzelten darüber zu mancher gemeinsamen Prüfung.. Mayer erhielt für sein Engagement nach der Wende zahlreiche Ehrungen, darunter das Verdienstkreuz am Bande des Verdienstordens der Bundesrepublik, 1997. S. a.: R:O.A.MAYO, Schwefel-Mayer, Verlag BoD, Books on Demand, Norderstedt, 2004*

2) *H. J. Kleins Vater, Direktor des Synthesewerkes Schwarzheide, war Prof. Dr. Arthur Simons Freund, meines Vor-Vorgängers am Inst. .f. Anorg. Chemie 1936-1960. Und Simon wollte Klein mit aller Macht retten, aber seine Macht reichte nicht mehr so weit, Klein musste gehen.*

3) *Geschrieben im Oktober 2018.*

Frühstück

Im Blumenhof war dieses Jahr ein Frühstückszimmer eingerichtet worden und wir nahmen das Angebot an und gingen frisch gekämmt und rasiert eine Treppe hinunter in die zwei miteinander verbundenen Räume und genossen die Auswahl und die Frühstücksatmosphäre. Heute früh erzählten unsere Nachbarn aus Landau, er habe ein großes Jubiläum und sie seien drei Tage hier, quasi zum Alleinefeiern ausgerissen. Gestern wären sie im Weinbeiserl gewesen, es wäre sehr schön gewesen,, und sie hätten bei einer Käseplatte mit Olivensenf und Weißwein seinen 80-sten begangen. Außer den sechs Gästen, die schon vor ihnen da waren, seien später „noch zwei Stöckerlweiber kumma, die a Schwarzbier ktrunge un ehri Stöckerlpferde glei wieder ktriewe han."

Das hat mich an meine Kindheit erinnert. Wir haben mit grünen Holundertrieben gespielt und sind mit ihnen durch den Hof und die Hohstell geritten und gesprungen. Der Jubilar am Nachbartisch war heute sehr redefreudig, sie hatten sich zum Frühstück ein Fläschchen Sekt gegönnt, und prosteten uns zu:

„Man gönnt sich ja sonst nichts".

Leider habe ich von seinem Humor nur einen Teil akustisch und den „annern bayrisch net vestanne". Aber die Stöckerlweiber (Joggerinnen) sind gut rübergekommen.

Im Nebenraum das junge Paar, sie eine vierziger Blondine, er ein gleichaltriger sympathischer Langhaarträger, hatten wir tags zuvor beim Türken im Asian am Nebentisch gesehen. Sie grüßten uns gleich freundlich und wir erfuhren, sie war einst in der Chemiebranche tätig und ist jetzt Kunstverwalterin in einem Atelier in Würzburg. Er dagegen ist ein Computerspezialist und selbständig. Sie kommen jedes Jahr in den Blumenhof nach Griesbach und sie waren am Abend zuvor, wie jeden Abend, in der Therme. Es wäre sehr schön farbenprächtig illuminiert und bestrahlt gewesen und „... das Baden im Farbenspiel romantisch und geradezu Liebe erfrischend gewesen".

Und die Liebe strahlte ihnen noch aus ihren Gesichtern und ließ sie uns in der Tat verjüngt und verschönt strahlen, noch sympathischer erscheinen. Wir setzten uns zu ihnen und erzählten.

Wir waren tags zuvor in Passau und mussten sehr lange einen Parkplatz suchen, fanden aber keinen und stellten uns einfach auf einen freien Privatparkplatz. Das kostete uns dann aber 10 Euro, doch der Besuch im Dom und das Orgelkonzert versöhnten uns wieder. Der Dom war gerappelt voll, nur der rechte Seitenstreifen hinter den Pfeilern hatte noch einige Reservestühle frei. Es war für uns ein schönes zur Ruhekommen und Herunterkommen beim Klang der größten Orgel der Welt mit über 17 Tausend Pfeifen, mit 233 klingenden Registern und vier Glockenspielen. Und das aus fünf unterschiedlichen Teilorgeln, mit jeweils eigenem Klangcharakter. Die für fünf Programmstücke ausgewählt in der „Toccata und Fuge" von Johann Sebastian Bach und Max Regers „Te Deum" am kräftigsten packten und in unserem Seelenschmerz wühlten.

Bärbels Tränen, einen Tag vor dem zweiten Todestag ihres Mannes, Jakob, meinem gleichaltrigen, ungarndeutschen Ahnenverwandten, seelen- und geistig verwandten Freund, waren unübersehbar und ihr Schluchzen war körperlich spürbar. Am Ausgang vom Dom haben wir beide je eine Kerze im Gedenken an unsere lieben verstorbenen, Feodora und Jakob, angezündet und eine geraume Zeit vor ihrem Schein, und jeder seinen Gedanken nachhängend, andächtig verweilt.

Der anschließende kleine Rundgang über die Ludwigstrasse und die Grabengasse war erfrischend, das Wetter trocken und die Strassen voller Menschen. Die Einkehr im Café und Konditorei am Rindermarkt hatte uns mit Quarkstrudel und Mohnkuchen, dazu Vanillieneis mit Schlagsahne, so leicht gemacht, dass wir auf der Fahrt heimwärts, über Fürstenzell und Reutern und durch die dazwischen liegenden Täler und Kurven, geradezu schwebten. So, dass wir uns sehr stark zurück halten mussten, dass wir alles in uns halten konnten.

Am Abend besuchten wir das Kabarett von Lizzi Aumeier im Kultursaal und wir trafen ein volles, ausverkauftes Haus an. Wir aber hatten Karten und wühlten uns zu unseren Plätzen, fast in der Mitte der Reihe, durch. Lizzi, mehr als vollschlank und im oberen Bereich der mittleren werktätigen und schaffenden Generation, agierte auch gleich los. Sie wurde von einer Russin, Olga, musikalisch begleitet und Olga agierte auch als Stichwortgeberin und Blickfänger auf der Bühne.

Lizzi agiert im persönlichen, körperlichen Bereich, mehr unterhalb der Gürtellinie, was aber im Saal Lachsalven und eine gewisse Stimmung bringt, nicht aber die geistvolle, intelligente Kabarettistik erreicht. Ihre musikalischen Einlagen und Gags, zusammen mit der viel jüngeren und körperlich mehr gerafften Olga, sind aber gut. Ihre politischen Aussagen sind schwach, allein ihre Ansprache für Frieden, Menschlichkeit und Solidarität am Ende ihres mehr als zwei stündigen Agierens, sind gut und erwähnenswert. Es war ein entspannter, aber nicht ganz erreicht schöner Kabarettabend.

Als Absacker nahmen wir bei Jutta und Manfred im Weinbeiserl ein Viertele Merlot und bezogen die Wirtsleute in unseren Rückblick auf Lizzi Aumeier ein. Ihr Name Lizzi ist an- und vielversprechender als ihre Figur, mit deren Masse sie einige Gags raus haut und auch Lachsalven hervorruft und gewinnt. Ihr Programm ist aber simples Getue und Bauernfängerei, ohne Anspruch auf Bewegung und Erbauung des Geistes. Doch ihren besten Gag:

„Horst hat früher Bienen gekaut, heute kaut er nur noch ihren Honig",
habe ich an Jutta und Manfred und an ihre noch verbliebenen sechs Weinbeiserlgäste weitergegeben. Der war im Weinbeiserl noch nicht bekannt.

Schärding

Bad Griesbach liegt im Inn-Donau-Dreieck so günstig, dass in einer halbstündigen Autofahrt Österreich erreicht, und damit neben den Bayrischen Sehenswürdigkeiten kleine Kaffeetouren und günstige Tanktouren möglich sind. Von den österreichischen Städten bietet die Bezirkshauptstadt Schärding mit seinen knapp sechzigtausend Einwohnern ein herrliches Stadtbild mit seinem oberen Stadtplatz, dem im Hintergrund die Marienkapelle mit ihrer Kirchstrasse den Rücken frei hält. Ein herrlicher Anblick, ein einmaliger Stadtplatz, der alle architektonisch schlagenden Herzen höher schlagen lässt und auch alle kulinarischen Erwartungen erfüllt.

Vom Rottal kommend kann man über Neuhaus und die alte, etwas holprige, hölzerne Innbrücke direkt in die Innenstadt gelangen oder über die neue Innbrücke, die Passauer Strasse hinab und in Stadtumfahrung, am Gymnasium vorbei, durch das Linzer Tor den Stadtplatz mit seiner Silberzeile erreichen. Am Stadtplatz hat man mehrere Möglichkeiten sich niederzulassen. Rücken doch an sonnigen Tagen die Cafés unter ihre Zelte auf den Platz heraus und man findet ein herrliches Fluidum vom Wassertor am Inn bis herauf zum Linzer Tor. Doch die Straßenzeile ist auf beiden Seiten voll geparkt und man muß schon Glück haben, dass gerade ein Platz geräumt wird.

Unser bevorzugter Sonnenschirm steht vor dem Lachinger Kaffee. Auch bei unserem letzten Besuch waren die Tische unter den dicht beieinander stehenden Schirmen alle besetzt. Nur in der Mitte saß eine mittelzeitalterliche Dame allein, die ihre Torte gerade serviert bekam und an ihrer Eistüte schleckte. Wir fragten, ob frei sei. Sie lächelte nickend. Als wir schon Platz genommen hatten, sahen wir, dass auf dem vierten Stuhl eine große, braun weiß gefleckte Promenadenmischung von Hund, so breit wie lang und hoch, mit weiten Augen und schlappen Ohren mit am Tisch saß und von der Eistüte der Frau abwechselnd mit schleckte. Frau schreibe ich jetzt bewusst, denn eine Dame, wohl erst recht eine österreichische Dame, macht das wohl nicht, dass sie ihren Pinscher in einem öffentlichen Haus, einem Café auf dem Stuhl sitzen und von ihrem Eisteller schlecken lässt.

Und sie strahlte uns an, dass es ja so ein verständiger Hund und ein so lieber Hund sei und dass sie ihn überall mit hin nehmen könne und immer brav bei ihr sitzen bliebe. Prinzesschen sei so schön und niedlich als kleiner Rüde gewesen und sei zu so einem großen stattlichen Kerl herangewachsen. Nun schaute auch das „Prinzesschen", der Hund, uns mit seinen großen weißumrandeten Augen an, als wollte er ihre Worte bestätigen. Als die Kellnerin unsere Bestellung aufnahm, bat ich sie, dass sie uns unseren Capuccino doch bitte auf dem gerade frei gewordenen Außentisch servieren möge, dort würde uns die Raucherei rundum nicht so umhüllen.

Wir hatten danach noch einen schönen Gang zum Inn Tor und die Promenade am Inn entlang, bei herrlichstem Sonnenschein und mit Blick auf die andere, die deutsche Seite, auf Neuhaus am Inn und am Einfluss der Rott in den Inn. Beim Durchtritt durch das mauerfeste Tor studierten wir die Markierungen zu den Hochwasserständen des Flusses. Die höchste Markierung reichte an die Fenster des Kaffees darüber. Und dennoch geht das Leben auch hinter den Fenstern dieses Torbogenhauses in seiner gewohnten Bahn, wohl besser seinem gewohnten Wasser, weiter. Und unsere Hochachtung für die Schärdinger stieg höher, als diese Markierung angebracht ist.

Schon am nächsten Tag hatten wir ein zweites Hundeerlebnis. Wir drehten eine große Runde über die Thermalstrasse von Griesbach-Therme, schritten durch das Tor am Konradshof, schlenderten am Aussichtspavillon vorbei und nahmen den Außenweg zum Kirchlein zurück. Uns kam eine gepflegte Dame mittleren Alters mit zwei Hunden an der Leine entgegen. An der Stelle, wo der geschotterte Weg den Finnweg tangiert, ließ sie ihren Hunden freien Lauf. Wir sprachen sie an und fragten, ob denn ihre Hunde so folgsam seien, dass sie die laufenlassen könne und sie nicht einer Katze oder einem Hasen folgen würden und zurück kämen, wenn sie riefe.

Ja, Franz-Karlchen und Sissi seien sehr brav und folgsam. Und als ob die Hunde sich gerufen fühlten, kamen sie zurück, umkreisten und beschnupperten uns und trollten weiter auf der Finnbahn. Sissi war der größere, ein Rüde, er hob gerade sein linkes Bein und besprühte die Finninnenbahnbohlen. Der kleinere war Franz-Karlchen, eine Hündin. Herrliche Verdrehungen. Darf man Hunde nicht umbenennen, wenn man sieht, dass die Namen zur Statur und deren Geschlecht untauglich sind? Oder ist bei Hunden eine freie Namenswahl erlaubt, weil sie nicht ins Grundbuch eingetragen wird?

Der österreichische Film mit Romy Schneider, Sissi (1957), schoss mir in den Sinn. Die süße Kaiserin von Österreich und Königin von Ungarn und ihr Franz, der stattliche Kaiser, der sie abgöttisch liebte und auf Händen trug, gespielt von dem ebenso stattlichen Schauspieler, Karl Heinz Böhm. Die zwei gingen damals als Traumpaar durch die Medien.

Romy Schneider passte als junge Schauspielerin wie geboren für die Rolle der einstigen Sissi. Ging sie aus dem Leben, weil das Leben kein Film ist? Oder weil sie nicht ungarische Königin werden konnte? Königin der Herzen war sie aber sehr wohl.

Wir sahen den Film das erste Mal in Ungarn, bei unserer Großcousine Erzsi und ihrer Mutter Elisabeth, meiner Cousine, wo der Film über Österreich reinstrahlte, der erst viel später in den Kinos der DDR gezeigt wurde. Und die Mädels waren hin, ob der liebreizenden Sissi-Romy, der einstigen Herrin Ungarns, oder doch mehr wegen Franz?.

Und nun ist das Leben von Romy Schneider selbst verfilmt, wie auf der Bayrischen Filmpreisvergabe im Januar 2019 gesagt wurde. Die Schauspielerin Marie Bäumer, die Romy durchaus ähnelt, erhielt für die Darstellung von Romy Schneider den Bayrischen Filmpreis 2019!

Auch der französisch-deutsche Film: „Die Spaziergängerin von Sanssouci" der 1982 gedrehte Filmklassiker mit Romy Schneider kam mir in den Sinn, in dem sie die Hauptrolle spielte, und der ihr letzter Film war.

Und Franz Beckenbauer, der „Kaiser" des Fußballs in seinen jungen Jahren, das Idol der Fußballerwelt, der Held, der nach Österreich zog und damit Österreich wieder einen Kaiser hat. Der sich aber nach den Weltfußballfinanzaffären ganz aus der deutschen Öffentlichkeit zurückzog. Nur in Bad Griesbach ist er ab und an doch noch manchmal präsent und zu Gast, wenn er seinen Freund und Kumpel Alois Hartel, den Besitzer einiger Kurhotels, auch des Blumenhofs, besucht. Auch sein Golfodrom an der Rott erinnert uns ab und an ihn. Doch wir sahen ihn da noch nie in Montur und mit Golfschläger, auch nicht auf einem Golfwägelchen auf grünem Rasen.

Mir kam dabei auch eine Erinnerung an eine Geschichte von Kurt Tucholsky, die in Schloss Gripsholm spielte, die auch verfilmt wurde. In der Geschichte besuchte Karlchen seinen Freund und Schriftsteller Kurt und dessen Liebste, die Lydia hieß und Sekretärin war, und Prinzessin genannt wurde. Im Zug hatte Karlchen seinen Schirm vergessen. Sie holten ihn bei der Bahn ab. Karlchen und Lydia verstanden sich auf Anhieb und verliebten sich ineinander, aber der Männerfreundes Kodex hielt Stand und es blieb beim Traum.

Auch Lydias Freundin Billie aus der Stadt besuchte auf Einladung, die frisch verliebten Lydia und Kurt, in ihrem Hotel. Und Kurt fand Gefallen an der Freundin seiner Geliebten. Und im Gripsholmfilm, der von Kurt Hoffmann 1963 gedreht wurde, steigt Karlchens Freund, Kurt, auf Necken seiner Lydia, zu beiden in ihres Bettes Mitte. Kurt konnte sich aber schwer entscheiden, ob rechts die rechte oder links die erste Wahl sei. Und Kurt, wie einst Puritans Esel, zwischen zwei Heuhaufen sich nicht entscheiden konnte, von welchem er zuerst fressen sollte, fast verhungert wäre. Im Film Falle blieb Kurt sicher nicht hungrig, und hat sich in der Nacht zu dritt sicher sehr wohl gefühlt.

Die zwei Damen waren im Film von hervorragenden und attraktiven Schauspielerinnen besetzt. Die Lydia von Jana Brejchová und Billie von Nadja Tiller. Als Kurt fühlte sich Walter Giller sehr wohl und Hans Lothar Keller glaubte man den Freund, Karlchen, in allen Phasen.

Und der Gag der Geschichte war, dass Karlchen seinen alten Schirm hängen lassen wollte, man ihm ihn aber wieder an den Zug hinterher brachte.

Doch zurück zu unserer Dame mit den zwei Hunden, in Bad Griesbach. Und diese nette Dame plauderte uns, dass sie ja jetzt auch alleine lebe, habe aber seit kurzer Zeit einen Bekannten, mit dem sie sich öfters mal träfen und sie sprach, mit dem erhobenen rechten Zeigefinger und mit vielversprechender und geheimnisvoller Miene:

„...und ich glaube, das wird was..!"

Und wir hoffen und wünschen es für die redselige und nette Dame in Bad Griesbach auch!

Birnbach

Gestern, zum Tag des Allerheiligen, war das Bad schon den fünften Tag voll. Wir entschieden, heute nach Schärding zu fahren, zumal das Bad immer noch im Umbau ist, obwohl es längst fertig sein sollte. Die teilweise Einengung im Bad durch den Innenausbau von Räumen störte uns zwar nicht, doch der größere Andrang durch die Brückentage in den Außenbecken und das damit höhere Stimmengewirr und die Belegung aller Liegen, das nervte uns schon etwas.

Wir entfliehen dem Bad, fahren nach Rottalmünster und Pocking, lassen durch die beiden Kirchen unseren Blick schweifen und schauen hinter der Kirche in Pocking von einer Bank, dem sich wälzenden Bronzegaul zu, wie er es sich im Kirchenschatten gut gehen lässt. Doch da er sich längere Zeit nicht rührt und einfach auf dem Rücken liegen bleibt, alle Viere von sich gestreckt, und die Fliegen ihn meiden und uns belästigen, ziehen wir zum nächstgelegenen Eiskaffee. Das ist am Ende der Einkaufsstrasse, die von dem Gaul an der Kirche wegführt.

Und Wir sind überrascht, Vanillieneis mit Granatapfelsoße gibt es auch schon in Pocking. Und wir glaubten, wir hätten diese Kombination erst bei unserem letzten Besuch in Griesbach Therme bei Memet Sem im Asian kreiert. Wir beruhigen uns aber schnell, die Glühbirne haben ja auch mehrere zur etwa gleichen Zeit erfunden. Das ist wohl immer so, wenn etwas in der Luft liegt. Oder?

Lauerten Kundschafter auch früher schon überall? Chinesen wären aber aufgefallen. Ja selbst auf dem Mond waren die Russen und die Amerikaner zuerst und begrüßten sich mit: „Guten Tag". Aber nein, das habe ich erfunden, so haben die sich sicher nicht begrüßt. Die Amerikaner sollen die Mondlandung ja in einer großen Scheune gefilmt haben, mit viel Sand unter und in den Schuhen, und die TV-Zuschauer auch in den Augen.

Als eine Wespe, oder war es eine Biene, an Bärbels Stratiatella nascht und sie sich nicht an ihr vorbei an ihr Eis wagt, erhebt sie sich fuchtelnd:

„Ich hab das Viehzeug satt, wir fahren nach Birnbach in den Honig Laden, da gibt es weder Bienen, noch Wespen."

Ein Glück, dass ich durch mein Eis schon etwas abgekühlt war, so dass ich cool blieb und in aller Ruhe zahlte und so ihre Zechprellerei vereitelte, bevor sie mich in ihr vertrautes Birnbach lockte.

Birnbach, neben Füssing und Griesbach, das dritte Bad im Bunde des Rottaler Bäderdreiecks, liegt nur wenige Kilometer von Pocking und noch weniger von Griesbach entfernt. Und Bärbel kennt das kleine Bäderstädtchen gut, sie war vor unserem gemeinsamen Warmbaden, mehrmals in Birnbach. Sie hat dort immer ihre vertrauten Bekannte und Freunde getroffen, die wiederum noch früher, vor ihr da waren. Die ihr aber auch an Jahren voraus waren und nun der Wärme nicht mehr bedürftig sind. Besonders gut kennt Bärbel den weiträumigen Marktplatz, mit den zahlreichen Einkaufsmöglichkeiten rund um.

„Man kauft da gut ein, wie auch du dich schnell überzeugen wirst können",

flüsterte mir Bärbel ein. Und ich überzeugte mich schnell und sie kaufte noch schneller. Schon im dritten Laden, zwei schöne Hosen und Nickis für ihre kleinen Enkel, den Leo und die Paula. Für ihren Felix fand sie nichts Passendes:

„Und der sucht sich seine Sachen mit 15 Jahren auch schon lieber selbst aus und ich bezahle sie ihm nachher",

meinte sie.

Der Marktplatz in Birnbach ist schön groß, die Häuser rund um, fast in einem Oval, halten sich zurück, zu Veranstaltungen und an schönen Tagen rücken die Kaffees und Gaststätten auf den Markt hinaus und bilden so ein stimmungsvolles Rundum auf dem Platz. Die Häuserumklammerung des Marktes durchbrechen wir nach Süden zu, und sehen uns unmittelbar dem Honigladen gegenüber auf der anderen Straßenseite.

Die Straße führt linkerhand im leichten Rechtsbogen weiter zu den Sanatorien und Bädern hinter und ist mäßig befahren. Bärbel hat aber kein Bedürfnis bis nach hinten zu fahren oder gar zu laufen, um einen Blick auf Birnbachs Thermalbäder und -hotels zu werfen. Sie meint, sie fallen im Vergleich zu Griesbach etwas ab, sind mehr kommerziell, ländlich, großdörflich, mehr sittlich reich strukturiert.

Doch just im Moment Bärbels Erläuterung des Bäderbereichs, den sie ja mehrmals erlebt hat, kommt ein selbstfahrendes Vehikel, das einige Gäste vom Bad in den Innenraum des Städtchens bringt. Winken und Staunen am Straßenrand, winkende Insassen im Inneren der Glas-Blech-Shuttle. Dann Diskussion darüber, dass man, oder ob man, das erste steuermannlose Fahrzeug auf den Straßen von Birnbach gesehen habe. Sensationell in die Zukunft schaute? Das hatte Bärbel auch noch nicht gesehen. Und ich dachte schon, in Birnbach gäbe es für Bärbel nichts Neues zu sehen.

Kaum ist die steuer- und fahrerlose Zukunft vorbei, da zieht uns förmlich der Rottaler Honig, samt Imkermeister Siegfried Biermeier in seinen Bann und Laden. Der kleine Honigladen ist gerappelt vollgestopft mit Honig und einigen Käufern. Es wimmelt, summt und surrt wie in einem Bienenkorb. Honig in allen Schattierungen, in allerlei Abfüllungen, allen Tierartformen, Größen und Variationen. So in Glas, in Dosen, in Polyäthylen, verschraubt, verschweißt, verpresst und verklebt. Die Behältnisse aneinander und hinter einander gereiht, übereinander gestapelt, geklebt und gehangen.

So viel Honig habe ich noch nicht beieinander und übereinander, doch nicht durcheinander, gesehen: Blütenhonig, Löwenzahnhonig, Rapshonig, Landhonig, Lindenhonig, Akazienhonig, Waldhonig neben Tannenhonig und dazu Blütenpollen, Propolis, Bienenwachskerzen, Honigwein, Honiglikör, Imkergeist, Honig-Eierlikör und andere Honigaufmachungen und deren Abfüllungen. Z.B. Honigkosmetika, wie Lippencreme, Duschgel, Handbalsam und andere Schönheits- und Pflegemittel vom Feinsten. Die Bienenvölker des Staatlich anerkannten Imkermeisters Siegfried

Biermeier tragen aus allen Regionen des Rottales und sogar des Inntales im südlichen Niederbayern Honig zusammen, gesteuert und breitgefahren vom Imkermeister selbst.

So besuchen sie gemeinsam die Blüten auf sorgfältig ausgewählten Standorten von Frühling bis Herbst und ernten gemeinsam Honigtau und Nektar. Die Bienen fliegen, sammeln landauf, landab und legen ihren Honig in Biermeiers Waben ab. Der Imker schleudert und füllt ihn in eine Vielzahl von landläufigen und bizarren Gefäßen ab. Und füllt auch die Käufer im Laden, so sie wollen, mit Bienengeist und Bienenlatein ab. Dabei füllt er sich lächelnd die Taschen, wie seine Bienen von Frühling bis Herbst ihre Säcke. Die zwei anderen Jahreszeiten legt er sich wie seine Bienen, oder zu einer Biene, zur Ruh. Seine Königin lässt er derweil in Honigduft im Laden zurück, er bleibt nur im Honiggeiste bei ihr.

Und das geht bei den Biermeiers, die von nun an Honigmeiers heißen mögen, weil wir sie so nennen, schon hundert Jahre so. Und aus dem Geschäft im Geschäft kann ich schließen, dass es noch viele Jahre so gehen kann, wenn er und seine Bienen es überleben. Dabei hat der Honigmeier Biermeier Glück, dass er nicht Bierbrauer sondern Honigmeier wurde und seine Bienen im grünen und blühenden Rottal sammeln, in das die Kerosinwolken der bei München startenden und landenden Menschenschlepper nur verdünnt eindringen. Denn seine, von Albert Einstein entlehnten Erkenntnisse:

„Stirbt die Biene, stirbt der Mensch",

verhallt nicht nur im Tal der Rott und im Tal der dereinst Ahnungslosen immer mehr.

Bienenhonigkönigin und Honigmeier erklären und die Leute stehen und staunen und kaufen, berauscht vom Duft, eingelullt durch die Erklärungen im Anblick des Honigs, seiner Aufmachung und der strahlenden Verkäuferin. Wir kauften auch und flohen aus dem Laden, nicht wie von der Tarantel, sondern wie von der Biene gestochen und von ihrem süßen Honig besoffen.

Und wir liefen schnurstracks vom Honigladen auf die Sammarei zu, ein einstmals gut geführtes und seriöses Hotel, und ließen uns in der Gaststätte nieder. Wir bestellten und wunderten uns, dass wir in dem großen Raum neben einem einzelnen Herrn in der hinteren Ecke, die einzigen Gäste waren und uns gleich drei Damen wie Bienen umschwirrten. Dann, beim Warten auf unser Essen wanderten meine Blicke durch den großen Gastraum, in dem die Theke vis-a-vis dem Eingang stand, von wo der ganze Saal überschaubar war.

Wir speisten aber in der Sammarei sehr gut. Nach dem Essen, bei der zweiten Wanderung meiner Augen durch den Saal und über die Wände, wunderte ich mich, dass ich nicht gleich merkte, was meine Blicke immer wieder an die Wände zog. Fast alle Bilder, und es waren viele historische Bilder, zum Beleg der einstigen Größe, an den Wänden aufgehängt. Sie hingen schief, ja geradezu liederlich schief. Das ist ein Faktum, was meine Blicke immer gleich in einem neu betretenen Raum bemerken, ständig anzieht und stört. Was auch schon mal dazu führen kann, dass wir das Lokal gleich wieder verlassen, noch ehe ein Kellner unsere Bestellungswünsche aufgenommen hat.

Und schon lief ich ein zweites Mal durch den weiten Raum zur Toilette und merkte an vielen Wänden und in Ecken Stellen, die ausgebessert, übermalt, getüncht und oberflächlich und schlecht vorgerichtet und gemacht waren, was die einstige Größe und den guten Ruf des Hotels Sammarei uns beim Abgang dann doch etwas verkleinerte. Und wir rafften uns alsbald auf und strebten unserem zeitweiligen Domizil und sauberen Blumenhofapartment in Griesbach-Therme entgegen.

Sammarei

Unser Besuch im Hotel Sammarei in Birnbach regte uns an, in die Sammarei zu fahren und der Sammarei, einem Ortsteil des Marktes Ortenburg im niederbayrischen Landkreis Passau, einen Besuch abzustatten. Dort erfuhren wir dann, dass der Name Sammarei, über ehemals Sammerei und dieser Name von Sancta Maria, oder Sankt Marei herkommt und auch Wieskirche genannt wird. Diese äußerlich und innerlich wohl erhaltene und gepflegte Kirche, die weit in die Au Niederbayerns hinausstrahlt und viele Touristen anlockt, ist eine der größten Mariawahlfahrtsorte Bayerns und geht auf das Ende des 13. Jahrhunderts zurück.

„Sie ist mit ihrem Schnitzaltar einmalig in der kirchlichen Ausstattungskunst Süddeutschlands" ,

schreibt der Städteführer. Und das machte uns noch zusätzlich neugierig. In der Kirche sind viele künstlerisch bedeutsame Kostbarkeiten zu bestaunen. Mehr als tausend Votivbilder zieren die Gnadenkapelle der Sammarei. Wir waren von Bildern, geradezu wie die Kirche überfüllt.

Nach mehrfachen Umbauten und Erneuerungen und Zuordnungen wurde Sammarei der Mark Ortenburg angegliedert. Das wiederum führte uns nach kurzer Andacht und kurzem Innehalten, einem Rundgang und Ansicht der Kirche, samt Bilderschau, nach Ortenburg selbst weiter

Ortenburg

Nach steiler Auffahrt aus dem Ort, von einem ansehnlichen kleinen Marktplatz, ist der Parkplatz unterhalb des Schlossgartens an freundlichen Wochenenden so stark besetzt, der Besuch in Park und Schloss so frequentiert, dass man sehen muß, wie und wo man Platz findet. Der Weg zum Tierpark und zur Schlosskirche führt leicht hügelan und ist links und rechts von üppiggrünen Wiesen umsäumt, die mit Obstbäumen älterer Anpflanzungen, streuobstwiesenartig bestückt sind und dem Terrain einen altbäuerlichen Tatsch verleihen. Die in den Wiesen grasenden, oder wiederkauend liegenden Rinder verstärken diesen ländlich, sittlichen Eindruck noch.

Schon am Eingang zum Schlosswildpark und knapp dahinter, noch vom großen Tiergehege getrennt, erhebt sich ein fröhliches Volksfestgemurmel und Getümmel, das bei mir eine Stimmung erzeugt, die der Goetheschen Faust-Wagner Empfindung und Beschreibung im Osterspaziergang nicht unähnlich sein könnte. Mir fehlte nur, dass einer auf mich zutritt und mir einen Krug mit Bier entgegenbringt und mich beglückt begrüßt. Aber es geschah nicht. So musste ich mich durch die Menge wühlen und mir den gefüllten Krug selber holen, und mich begleitete nicht Wagner, mein Famulus war weiblich, hieß auch nicht Karrenbauer, mein Famulus heißt Bärbel. Aber das weiß man inzwischen im engeren und im erweiterten Umkreis.

Durch und um den locker und weiträumig angelegten Wildpark führen mehrere leicht befestigte Wege, hie und da stehen Bänke, auf denen Weiblein und Männlein der älteren Generation Platz nehmen können zum Verschnaufen. Auch manche Mutter mit Kinderwagen hält an und stillt oder wickelt schnell und ungerührt ihr Baby. Größere Kinder tollen umher, manche verhalten, weil von den Eltern oder Großeltern ob ihrer Sonntagsgewänder ermahnt. Mutige füttern die Tiere aus der Hand, versuchen die Tiere (Schafe, Ziegen, Steinböcke, Rehe, Hirsche, Yaks u. a. m.) zu streicheln, was ihnen auch manchmal gelingt. Doch meistens zieht eine Seite kurz zuvor zurück, mal das Kind, mal das mit Körnern gefüllter Hand herbeigelockte Tier.

Eine unentgeltliche Schau und Vorführung für Jung und Alt. Das Verhalten der Tiere im unteren und oberen, leicht durch einen lockeren Zaun getrennten Teilen, ist gleich. Doch schien die Abstandshaltung zwischen Tier und Mensch mit zunehmender Größe auch größer zu sein. Dabei sind einige Wiesenareale der Großtiere mit Erdhöhlenbauten durchlöchert, wie von Murmeltieren, Erdmännchen und anderen.

Die Wildtiere, wie Luchse, Füchse, Waschbären und andere, sind in abgetrennten, überdachten Gehegen und Hochsitzhäuschen durch Glas oder Drahtgatter zu bestaunen. Ein besonders und großes Areal haben die Wildschweine, die am Steilhang rechts vom Eingangsplateau ein großes Waldfreilandareal haben und sich gerne den fütternden Besuchern in ihren wegnahen Suhlen und Lachen zeigen, wie die Kinder der Besucher nach Freilandspielen nicht heim kommen sollten.

Im unteren Teil des Waldfreigeheges zeigte dann ein junger Zebrahengst auf einer Zebrastute seine Sprungfertigkeit, was manch jungem Paar beim verweilenden Hinschauen, und es staunten mehrere Paare, auch einige ältere, ein Staunen und auch ein Schmunzeln, vielleicht auch manch grinsend versteckte Bemerkung entlockte.

Irgenöd.
Die anschließende Fahrt vom Wildgehege in das beliebte Ausflugsziel der ganzen Familie, die Vogelwelt von Irgenöd, war nicht länger als ein, nur wenige Minuten vorher gesehener, Zebrasprung. Auch der Volksauflauf war nicht so faustisch osterspaziergängerisch, obwohl so nahe an dem Volksauflauf vor, in und um die Ortenburg. Der Nachmittag hatte schon seinen Zenit überschritten und so manche Familienkarosse strebte, ja schwamm und schwebte, manche flog, schon in den von der herabfallenden Sonne aufgewirbelten und flirrenden Luftwellen dem kerosinfreien und gewirrfreien Heimathafen entgegen.

Diese Geruchskarossenwelle, die uns auf Irgenöd hin entgegenströmte, wurde, je näher wir dem Park und seinem Gefieder kamen, von einer immer lauter und intensiver werdenden Vogelschreiwelle abgelöst, aus der das Pfauengeschrei: „Pfiaauu, Pfiaauu" sich immer stärker abhob und auf unserem Rundgang durch den Vogelpark begleitete, weil nicht verstummte. Die Ruhe und Entspannung, die uns versprochen wurde und auf die wir uns freuten, war so gewöhnungsbedürftig.

Die Vielzahl der im Vogelpark zu schauenden Arten aus aller Herren Länder überraschte uns. Diese große Vielfalt, von über hundertfünfzig Arten ist angeschrieben, war überwältigend. Außer Vögeln, Gänsen aus Kanada, Schopfwachteln und Aras, Steppenadler, Kanarienvögel, Papageien, Wachteln, Uhus, Enten, Perlhühnern, auch Vierbeiner wie Emus und Kängurus, die aber auch auf zwei Beinen springen und tanzen können. Und eine Vielzahl von Ruhebänken im Schatten der üppigen Baum- und Sträucherwelt. Die Ruhebänke blieben von uns aber aus Zeitgründen weitgehend ungenutzt.

Das ist alles an einem ausklingenden Nachmittag nicht mehr zu raffen und zu schaffen. Zu speichern ist es ohnehin nicht. So machten wir uns einen groben Überblick über die Anlage und die in natürlicher Landschaft untergebrachten Arten in geschlossenen und offenen Gehegen und ließen uns dann in der Nähe des Pfauengeheges nieder.

Nur das Pfauenradschlagen in und um das Pfauengehege, die Schönheit dieser gleichzeitig und hintereinander aufgestellten, bunt schillernden Räder mit hunderten von Speichen, hier halt leuchtenden und schillernden Federn, war denn doch bezaubernd, sehenswert und verweilenswert, weil so einmalig schön. Eine Vielzahl von Pfauenhähnen stolzierten durchs ganze Gehege und stellten ihre Räder auf den Wegen und Zäunen nahe ihres Geheges und im leichtumzäunten Pfauengehege geradezu wie auf Absprache auf. Im Gegenlicht der sich zum Abend hin neigenden Sonneneinstrahlung stellten die bizarren Pfauenräder geradezu ein exotisch buntes Schauspiel dar.

Eine einmalige, faszinierende und eine zauberhafte Schau, diese Pfauenschau! Wie hat die Natur das nur alles so zauberhaft schön geschaffen? Wie kamen die vielen Vogelarten und ihre Federkleidung so bizarr und vielfältig zustande? Warum, welcher Antrieb und Beweggrund? Und wie erhalten wir das nur in der so rasanten Zeit und Welt, wo viele Menschen diese herrliche Naturwunder und den ganzen Zauber und deren ganze Vielfalt und Schönheit gar nicht wahrnehmen können oder wollen, und ums Dasein kämpfen und rasen müssen?

Doch all diese unsere inneren Befälle von Gedankenschwere werden durch die immer wieder von Nah und Fern eindringlich erschallenden:

„Pfiaauu, Pfiaauu"

Rufe der Herren der schönsten Räder der Natur gebannt und vertrieben, oder in die Vogelparkgehirnecke gestellt. Doch es hilft nichts, die Gedanken kreisen draußen weiter und es bedarf äußerster Konzentration davon ab- und den Motor des A4 anzuschalten, um ohne Federn zu lassen und ohne zu fliegen, unseren zeitweiligen Hafen, unseren Autohof, das Parkstadel, und unseren Blumenhof, unsere zeitweilige Bleibe in Bad Griesbach-Therme, zu erreichen.

Eine von einem Pfauenhahn uns ganz freiwillig spendierte, einfach verlorene oder abgestoßene bunte Pfauenfeder erinnert uns auf unseren weiteren Wegen an diese bizarre Welt bunter Vögel, die wiedersehenswert und wiederkommenswert ist! Einen erneuten Besuch haben wir Irgenöd und seinen Vögeln in die Luft versprochen!

Pfauenfedern

Über unserem Wochenendhaus am Kleinen Horn, unweit vom Augustusberg und der Heinrichshöhe, herrscht in den Abendstunden eine schwebende Ruhe, die durch das Vogelgezwitscher der Meisen, Finken, Kleiber und der anderen Sänger und Pfeifer übermalt wird, aus dem sich die Amseltenorflöten auf den Spitzen der Fichten und Lärchen und Nussbäumen herausheben. Sie trillern mehrseitig zum mehrstimmigen Einsatz und ihr hell flötender Gesang schwillt wie die Morgensonne an und nimmt mit der Abendsonne ab. Und es ist jedes Mal ein zum Luft anhaltendes Schauspiel, mit dem vielstimmigen Backgroundchor der sich in die Nachtruhe singenden Vogelwelt, wenn sie über dem feuerrot glühenden, nahezu brennenden Wald, ganz leise versinkt.

Die Laute auf dem großen Nachbaranwesen, das Wiehern der Pferde, das Bellen der Hunde, das Fauchen der Emus und Schnaufen der Alpakas, selbst das Schreien der Pfauen, des großen Bruders des Fasans und anderer Hühnervögel, ist in dieser Stimmung nur verhalten zu entnehmen, als ob die Nachbarschafts- Vier- und -Zweibeiner selbst dieser Stimmung erlägen lauschten. Ihre Laute steigen mit sinkender Sonne an, aus deren Mitte die schrillen Pfauenschreie, mit ihrem Pfiaauuu, weit in die Nachbarschaft tragen, später die alleinigen Nachtschreier sind.

Die Zahl der Pfauen hinter dem Maschendrahtzaun, der das sechs Hektar große Anwesen, auf dem die Areale der verschiedenen Tierarten abgegrenzt und den drei Kindern zugeordnet sind, umschließt, scheint mit den Jahren angestiegen zu sein. Drei von ihnen waren neulich in der Woche mal zu Besuch in unserer Wochenendsiedlung. Sie hatten fliegend das Dach des Nachbarbungalows am Zaun erreicht, stolzierten herum, setzten sich ab, schritten majestätisch durch den Garten hinter uns, flatterten über die Hecke auf den Schuppen und von da auf das Dach des Bungalows unter uns, sahen sich um und flogen auf das Dach der Hütte vor uns.

Hier schien es den drei großen Vögeln, den zwei „blasseren" Weibchen und dem bunteren Männchen, zu gefallen. Denn er schlug über seinem farbenprächtigen Gefieder seine bunten Unterrückenfedern zum Pfauenrad auf, aus dem in der Sonne seine in allen Farben schillernden, aufgereihten Pfauenfederaugen zu uns herüberstrahlten. Die Weibchen saßen derweil, andächtig geduckt und beidseitig des Rades und des Schornsteins auf dem Sims des Nachbardaches.

Hatte er das Rad für uns oder vor seinen zwei Verehrerinnen kraftstrotzend und werbend aufgeschlagen? Doch wie aus Neid oder als Warnruf ertönte aus dem Zentrum des Nachbarschaftsgeländes ein „Pfiaauuu", das Rad auf dem Dach fiel in Zeitlupe in sich zu einem langen Schweif zusammen und wurde langsam eingefahren. Die Pfauen sprangen vom Dach, schwebten über unsere Hecke, stolzierten über unser Gelände und den Weg in des Nachbarn Garten, oberhalb von uns, nahmen Anlauf und flatterten über die Zäune auf ihr Heimatgrundstück zurück. Ihre sichere Ankunft wurde uns durch ein mehrmaliges „Pfiaauuu" kundgetan.

Am nächsten Morgen schillerte in der Morgensonne eine bunte Pfauenaugenfeder aus der Hecke auf unseren Frühstückstisch, die der Pfauenradschläger bei seinem Manöver vom Dach über die Hecke einbüßte, oder zur Erinnerung zurückließ? Und meine Erinnerung schweifte weit zurück in meine Kindheitstage und Geburtsheimat, in die einstige Schwäbische Türkei, im Dreieck von Donau-Drau und Plattensee, in Kaposszekcsö / Sektschi, in Ungarn.

Der Jungwirt, Nikolas Weitzel, vier Anwesen von unserem entfernt, näher zu den Kirchen zu, gegenüber des unteren Randes des Dorfplatzes, hatte zwei, mit uns fast gleichalte Kinder und zwei große, schlanke, hochläufige Hunde. Der eine, etwas ältere, größere, braun und weiß gescheckte, kurzhaarige Vierbeiner, eine Art Kreuzung zwischen Ungarischem Hirtenhund und Kuvasz, der Duna hieß. Der zweite, ein jüngerer, aggressiverer, etwas niedrigerer, weißer kurzhaariger Hund, eine Art Kreuzung zwischen Kuvasz und weißem Schweizer Schäferhund, Tisza. Sein, des

Wirts, Stolz war neben den Hunden auch ein Pfauenpärchen. Das Anwesen der Weitzels war bis weit zur Hohstell Maschendraht umzäunt, an deren äußerstem Ende der große Eiskeller dominierte, der unter einem dicken Strohmassiv sein Eis über das ganze Jahr hin bewahrte, von Hunden, Pfauen und anderem Hühnervolk umgeben und bewacht.

Die Weitzelwirtschaft zog uns Kinder vielfach an. Nicht nur das Spielen mit und bei Kati und Miklos Weitzl. Neben dem munteren Treiben in der Wirtschaft und auf dem Hof, suchten wir als Souvenire Teppschen, wie wir die Kronenverschlüsse von Bier- und Limonadenflaschen nannten, weggeworfene oder liegengebliebene bunte Flaschen und Dosen, und stiegen dem Pfauenpärchen hinterher, um eine bunte Feder zu erhaschen. Beim Bücken nach einem Kronenverschluss, mitten im Wirtschaftshof, zu nahe beim kalkweißen Tisza, sprang der zu und biss mir in die rechte, nackte Wade. Mit einem Schreckschrei sprang ich auf, der Hund floh ängstlich, und ich rannte mit meinem blutüberströmten Bein nach Hause.

Am späten Nachmittag, das Blut war längst gestillt, die Wunde von Mutter mit Franzbranntwein fein säuberlich ausgewaschen und mit einer Binde umwickelt und der Biss schon vergessen, da kam Miklos Weitzel mit seinen Hunden auf unseren Hof. Die Hunde mussten am Tor sitzen bleiben und er erkundigte sich erst bei mir, dann bei Mutter und Vater, ob die Bisswunde schlimm sei. Miklos bácsi entschuldigte sich erst bei mir, dann bei den Eltern, für seine Hunde, von denen der jüngere, Tisza (Theiß), noch sehr hitzköpfig sei. Er meinte, der fühlte sich bedroht, glaubte wohl, dass ich einen Stein aufhebe, um nach ihm zu werfen. Er, Miklos bácsi, wird dafür sorgen, dass Tisza zwar ein wachsamer, aber artiger Hund wird, der Spielgefährten seiner Kinder nichts tut, ihnen sogar Freund wird.

Und wie auf Ruf kam Großvater mit seinem Rucksack aus dem Weingarten zum Hof herein und die Hunde wedelten ihn mit ihrem Schweif an. Großvater, der Fleischbeschauer der Weitzelschen Schlachtbank und guter Freund von Mikloss Vater, tätschelte die Hunde, die ihm die Hand leckten. Nach kurzer Einweihung von Großvater, bat mich Miklos, mit ihm zu Großvater und den Hunden zu treten, Großvaters Hand zu nehmen und die Hunde zu streicheln.

Nur zögerlich trat ich heran, nahm die Hand Großvaters und streichelte, nach Ansprache der Hunde von Miklos, erst Duna, der mit dem Schweif wedelte, streifte dann Tisza über den Rücken, der erst mulmig dreinschaute, wedelte dann aber, nach nochmaligem Anruf von seinem Herrn, auch mit dem Schweif und die Freundschaft war besiegelt.

Wir sammelten noch manches Kleinsouvenir und tollten auf dem Weitzelhof mit den Weitzelkindern und den Hunden, Duna und Tisza, und spähten nach Pfauenfedern. Doch dieses Tummeln und Pfauenfedererjagen wehrte nur noch ein knappes Jahr. Dann wurde auch diese „Hundefreundschaft" durch die Hass-, Enteignungs- und Vertreibungswelle, und aufgeputscht geschürte Feindschaft durch Ungarn, zwischen den Ungarn und Deutschen im Dorf , die 1946 einsetzte und erst durch die Einwaggonierung im Mai 1948 jäh unterbrochen wurde.

Die Wunden sind durch die Jahre und den Lauf der Weltgeschichte, das Wachsen, Gedeihen und Werden in einer anderen Welt, allmählich verheilt. Die Bisswunde verheilte schneller, vernarbte und blieb als blasses und immer blasseres, mitwachsendes, unbehaartes Mal an der Wade, einem kleinen, blassen Pfauenauge ähnelnd, sichtbar erhalten.

Hosen Kotter

In Birnbach hatte Bärbel bei Hosen Kotter nach Hosen und einem Kleidchen für ihre Enkel geschaut und war fündig geworden. Die nette Verkäuferin, die schon im Ruhestand, mit der Bärbel ins Schwätzen kam, meinte, dass ja Birnbach nur eine kleine Filiale von Hosen Kotter sei. Hosen Kotter, das größte Hosenfachgeschäft Niederbayerns, für Damen- und Herrenmode vom Fachmann, habe ja Niederlassungen in Afham, Bad Birnbach, Bad Füssing und Egglfing am Inn. Doch letztere Orte sind etwas weiter weg, kurz vor oder am Inn, und kommen, wenn wir nicht in Griesbachs Nähe findig werden, notfalls also, später dran. Damit kehrten wir um und fuhren retour, wieder näher zu Griesbach, unser zeitweiliges Domizil, heran.

Auf dem Weg dahin, in Schwaim, keine 8 km von Birnbach weg, und gleich nach der Abkehr von der B 388, kam uns das Glashaus mit der Glasvielfalt und den Trikotagen im Parterre entgegen, was einen kurzen Besuch von uns erforderte. Das viele Glas, besonders im oberen Teil des durchsichtigen, aber nicht überschaubaren Ladens, faszinierte uns zwar, ermüdete uns aber auch schnell und wir stellten fest, was die da haben, Trinkgefäße, Vasen, und andere Glaskunst, brauchen wir nicht, das haben wir schon. Wenn auch nur in der einen oder anderen Glasart, mit und ohne Bemalung.

Und wir stiegen wieder ins Parterre hinab. Aber auch hier in der unteren, der Erdetage, den Trikotagen, in einem dichten Behang und einer noch dichteren Reihung von Kleiderstangen, wurden wir nur teilfündig mit einem Höschen für den Enkel. Und so kotterten wir weiter bis Afham, zu Kotter mit den Damen- und Herrenmoden vom Fachmann.

Von Schwaim führt eine schmale Strasse über Singham, wo eine Vielzahl von Wohnkarawanen, teils ganzjährlich hausen und im Bad mit eigner Warmquellspeisung baden, vorbei, und weiter entlang fast luxuriöser bayrischer Landvillen nach Afham. Wir tangieren nur kurz Karpfham und sind schon nach wenigen Autolängen in Afham. Hosen Kotter prangt uns da gleich rechterhand entgegen, bildet den Eingang zu Afham. Keiner kommt an ihm unbemerkt vorbei, aber auch keiner, der da lang fährt, kann Hosen Kotter übersehen.

Wir parken an der Mauer, die das Kottersche Anwesen zur Strasse hin abschirmt, und drängen hinein. Am Eingang, gleich links, eine halbe Treppe hinauf, befindet sich eine unüberschaubare große Fläche, nur mit Hosenregalen. Hosen in allen Variationen. Vorwiegend dunklere Farben dominieren, und Herrenhosen an Mass. Unten, im Eingangsparterre gibt es dann auch Jacken, Anoraks und Blusen. Und Näherinnen sitzen an der Fensterfront, die Sofortänderungen vornehmen.

Ein nicht mehr ganz blutjunger Mann strahlt uns entgegen und freut sich, erkennt uns und begrüßt uns wie alte Freunde:

„Ja willkommen bei Kotter und schauen sie sich nur um, die Auswahl ist groß, wie alle Jahre. Nur zur Zeit ist noch keine Winterkleidung eingetroffen."

Wir streiften durch die Reihen, schoben die Bügel auseinander, befühlten sanft die Stoffe, schauten auf die Größeneinordnungen, schauten auf die Preisschilder, befühlten nochmals helle Hosen, braune, schwarze und graue und konnten uns nicht entscheiden. Graue Hosen hatte ich schon, auch Kotter graue. Also wieder hellere und dunklere, und unser Befühlgefühl ließ uns weiter fühlen, schauen, wühlen.

Und schließlich wurden wir doch beide fündig. Bärbel fand eine weiße Jeanshose und mir passten eine Kotter Stoffhose und eine Kotter Jeans, beide blaugrau. Und ich wunderte mich, dass ich wieder bei einer grauen, samtweichen Kotter Hose landete. Damit kann ich bald einen Schrank füllen oder eine Kotter-Hosen-Ausstellung veranstalten. Doch leider würde es nur eine sehr einseitig graue Herrenhosenausstellung und mit nur einer mir passenden Größe. Und das würde wieder nicht vielen passen und die Ausstellung würde so sicher sehr einfarbig, einsilbig grau. Der Besuch dieser Hosenausstellung würde sich versteckt lächelnd, oder laut lachend, kringeln.

Bärbel war da besser dran, ihre weiße Jeans war sehr schön weiß und ein solches Weiß hat sie noch nicht, wie sie mir versicherte. Welches Weiß sie hat, wie viel weiße Hosen, dass überschaue ich nicht, ob sie es überschaut? Doch sicher ist, sie hat viele und sie braucht auch viele. Denn immerhin zieht sie täglich eine Hose an, denn sie stünden ihr besser als Röcke. Und sie zieht jeden Tag, und auch zu jedem Anlass, eine andere an. Und Anlässe gibt es viele, wie viele? Ob sie es weiß? Ich weiß es nicht, ich weiß nur sicher, dass das Jahr über dreihundertsechzig Tage hat. Also allerhand. Nein, so viel wie Kotter nicht, dafür ist ihr Kleiderschlafzimmer zu klein. Aber, sie hat ja auch noch andere Räume, und sie hat noch mich.

Nach diesem kleinen Hosenausflug, der mich da plötzlich befiel und mit mir flog, habe ich die drei Hosen, für die wir uns zum Kauf entschlossen hatten, ganz vergessen. Alle drei Hosen mussten etwas gekürzt werden. Und Alle drei Hosen wurden an Ort und Stelle binnen Minuten maßgeschneidert angepasst und eingekürzt. Der freundliche Verkäufer, der uns bei unseren Entscheidungen beistand, hatte sie vorausschauend der Änderungsschneiderin schon vorgelegt, so dass wir gleich zum Zahlen gehen konnten. Beim Bezahlen wurden wir nochmals überrascht, uns wurde nicht nur die Sofortschneiderei nicht in Rechnung gestellt, wir bekamen, als jährlich wiederkehrende Kunden, noch obendrein einen kleinen Kotter-Hosen-Rabatt.

Mit diesen Hosenerlebnissen, und diesen Hosen und Hosen Kotter Vorteilen, kotterten wir dann nur wenige Meter weiter und ließen uns im gleichnamigen Gasthof Kotter, wo man sehr gut essen und trinken soll können, wie die von weit her sichtbare Reklame vor dem Haus verspricht, zu unserem Erfolgsaldemasch nieder. Doch unseren Aldemasch, ungarisch áldomás, deutsch wörtlich: Segen, muss ich kurz erklären, wie ich ihn noch in meiner Jugend, meiner Kindheit, erlebte. Aldemasch tranken die Ungarndeutschen immer, wenn sie einen erfolgreichen Geschäftsabschluss getätigt hatten.

Auf Märkten, die jährlich zweimal auf der Hudweide stattfand, wurden die Tiere zum Verkauf angeboten, Pferde, Rinder, Schafe Schweine und anderes Getier. Die potenziellen Käufer beschauten und befummelten die Tiere und feilschten um den Preis mit dem Verkäufer. Meist wurden sie nicht gleich handelseinig, ein Unterhändler wurde herangezogen, man verhandelte weiter und wurde schlussendlich einig. Ob dieser mehr-, ja allseitigen Zufriedenheit, setzte man sich in die Marktschenke, oder abends in die Dorfschenke, und trank darauf einen, oder mehrere, meist Schoppen oder Liter Wein.

Doch diese unsere Handelsvorteile in Afham, die Kottervorteile waren, kommen nicht mehr dem Bruder Kotter, sondern dem nunmehrigen Inhaber der Gaststätte, Wolfgang Hofmann, zu Gute. Dennoch, die Kotterküche gilt immer noch und mundete uns beiden sehr gut. Zu gut, dass wir wohl bald wieder zu Hosen Kotter müssen, aber dann sicher unter einer anderen Stangengröße landen, und angekommen sein werden, von den leicht schmunzelnden Augen des dann schon wieder etwas älteren, breitgesichtigen, aber höflichen Verkäufers begleitet.

Inhalt

Heinrich Oppermann,
Chemiker, (Prof. Dr. habil., Dr. h. c.)
verfasste über 270 wissenschaftliche Publikationen und schrieb
und schreibt Geschichten, Erzählungen und Gedichte.

„Die Enkel der Donauschwaben - Geschichten aus zwei
Heimaten", BoD-Verlag, Norderstedt, 2007

„Einer Schönen, Gedichte";
Christoph Hille Verlag, Dresden, 2011

„Erinnerungsgarten, Geschichten";
BoD-Verlag, Norderstedt, 2013

„János und sein Hund, zwei Helden";
BoD-Verlag, Norderstedt, 2014

„Die Brücke - Geschichten schon Geschichte?";
BoD-Verlag, Norderstedt, 2015

„Kaposszekcsö / Sektschi. Eine deutsche evangelische Gemeinde
in Südtransdanubien - Komitat Tolna, 1775-1948";Eigenverlag,
2015/2016"; mit Rolf Domke, Heinrich Sommer und Konrad Lötz

„Oh, Brüder schmäht mich nicht", Gedichte; BoD-Verlag, Norderstedt, 2016

„Jergescher Geschichten, Vertreibung aus dem Paradies";
Frankfurter Literaturverlag, Offenbach, 2017

„Die vergessene Schokolade - Feodora"; BoD-Verlag, Norderstedt, 2018

„Der Frühling kehrt wieder, Gedichte; BoD-Verlag, Norderstedt,
2019